Joy's
EASY TO PLAY
K*POP
FOR
PIANO

SEASON
9

조희순·문혜성·문혜린 저

Joy쌤의

누구나 쉽게 치는 K-POP

더 쉬운 초급편

차례 | CONTENTS

Joy's
EASY TO PLAY

K*POP

FOR

PIANO

SEASON

9

멜로디

\+

선생님 반주

Welcome to the Show

모범 연주 | 드럼 리듬

Young K 작사
Young K 외 3명 작곡
데이식스(DAY6) 노래

♩ = 132

♥선생님 반주♥

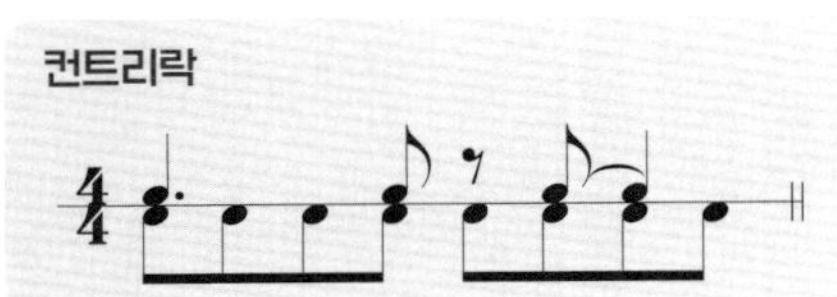

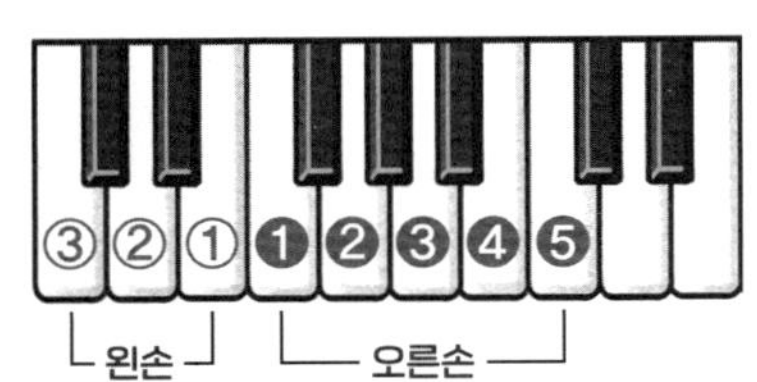

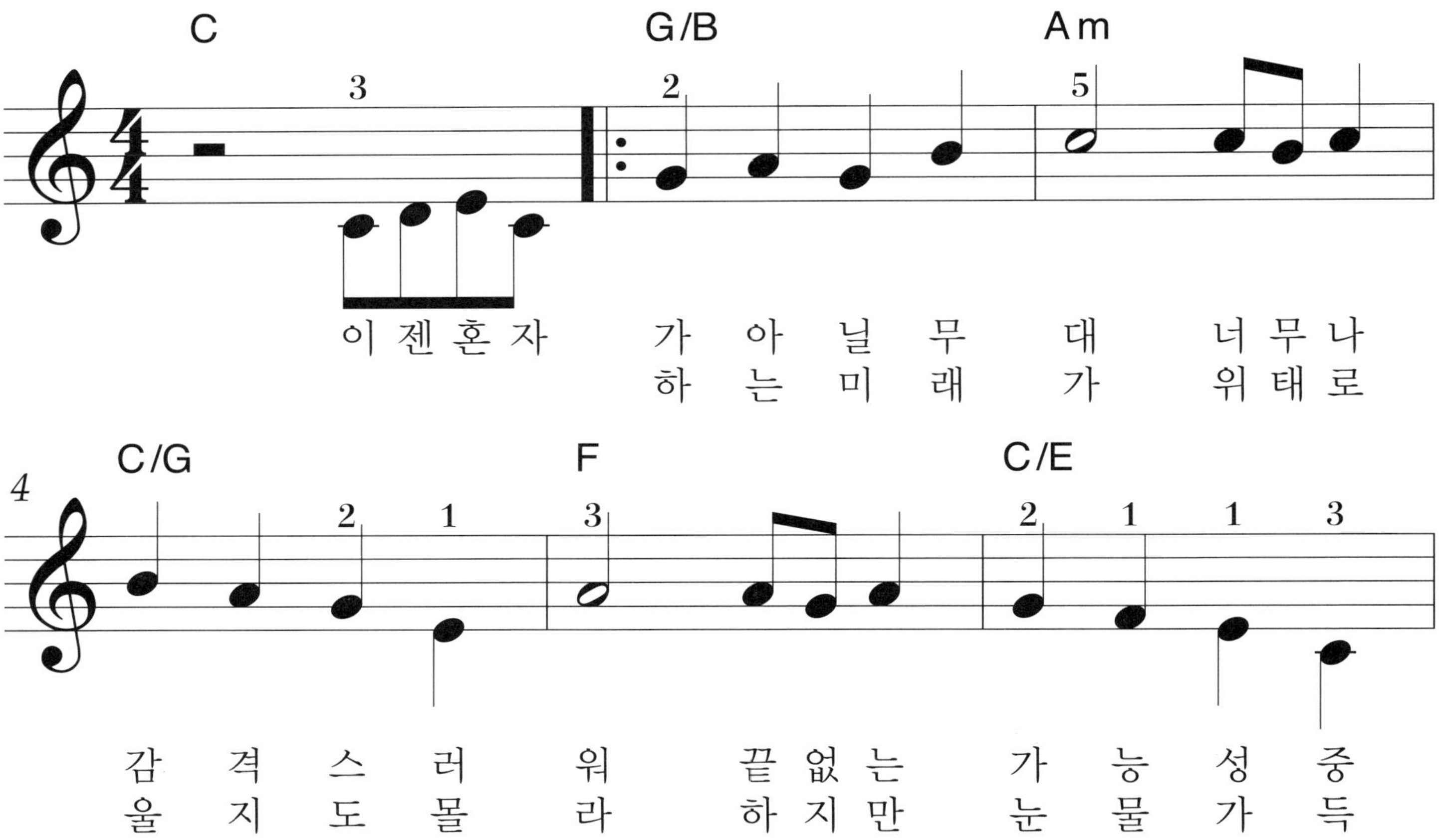

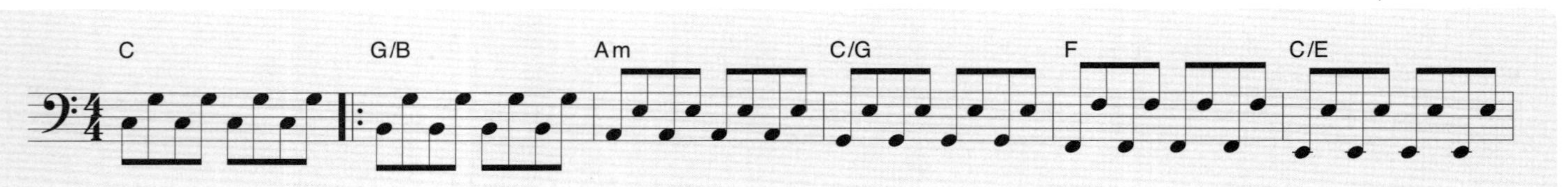

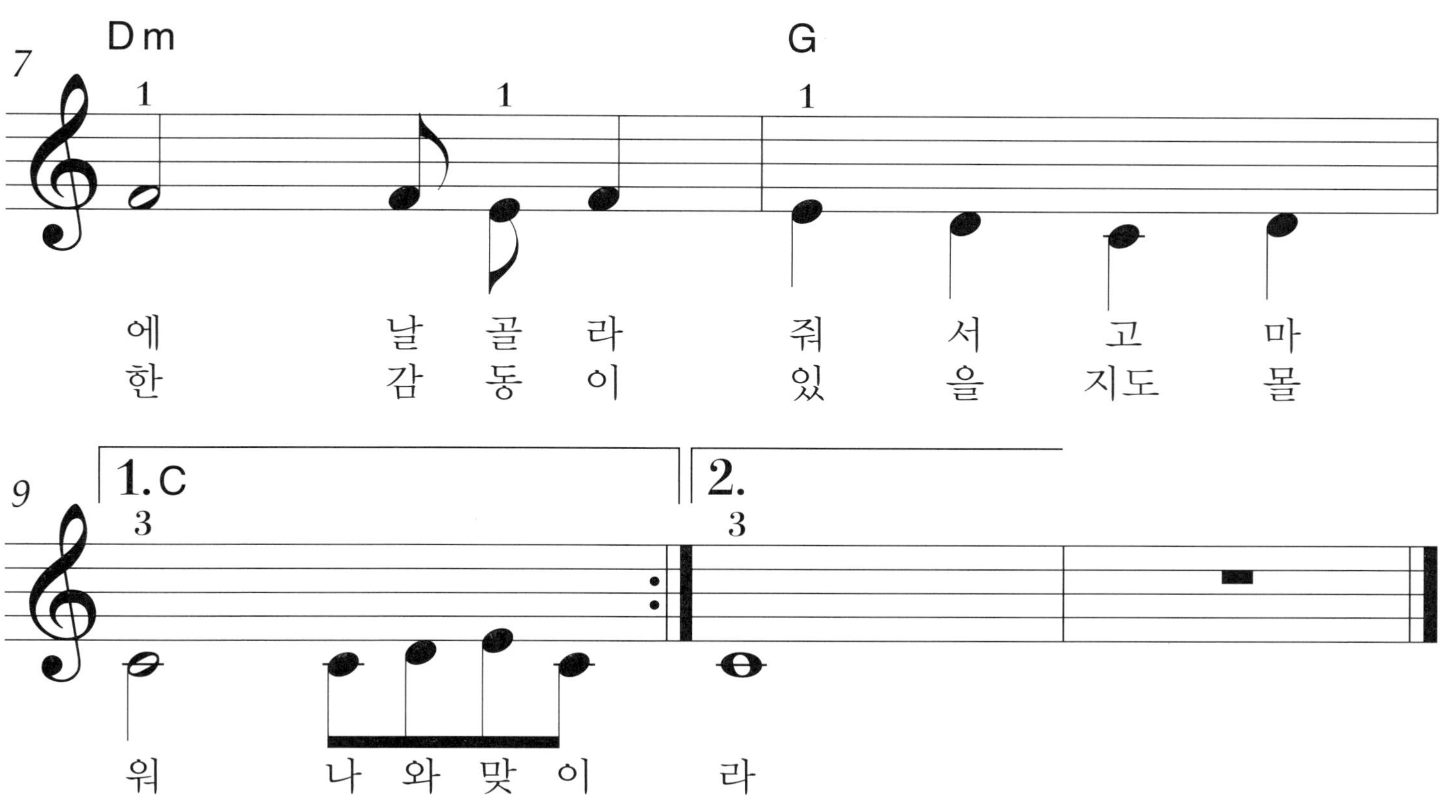

Dm
G
에 날 골 라 줘 서 고 마
한 감 동 이 있 을 지도 몰
1. C
2.
워 나 와 맞 이 라

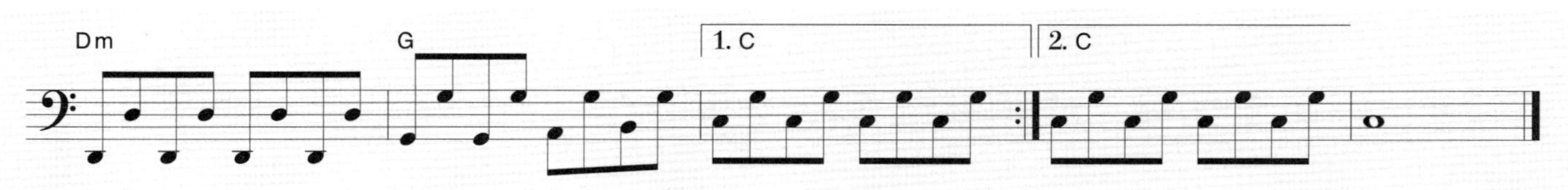

Dm
G
1. C
2. C

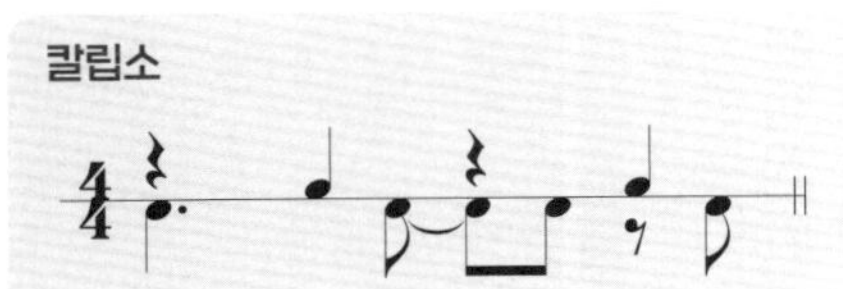

You & Me

TEDDY 외 1명 **작사**
TEDDY 외 2명 **작곡**
제니(JENNIE) **노래**

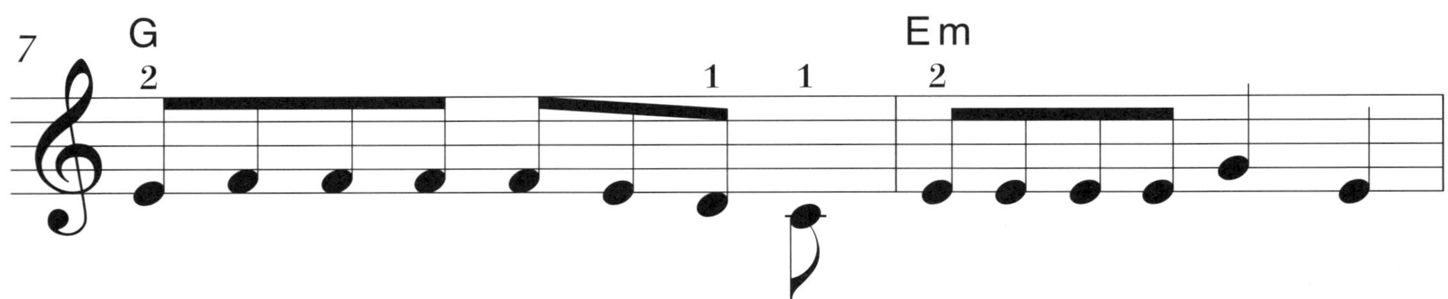

♥ 선생님 반주 ♥

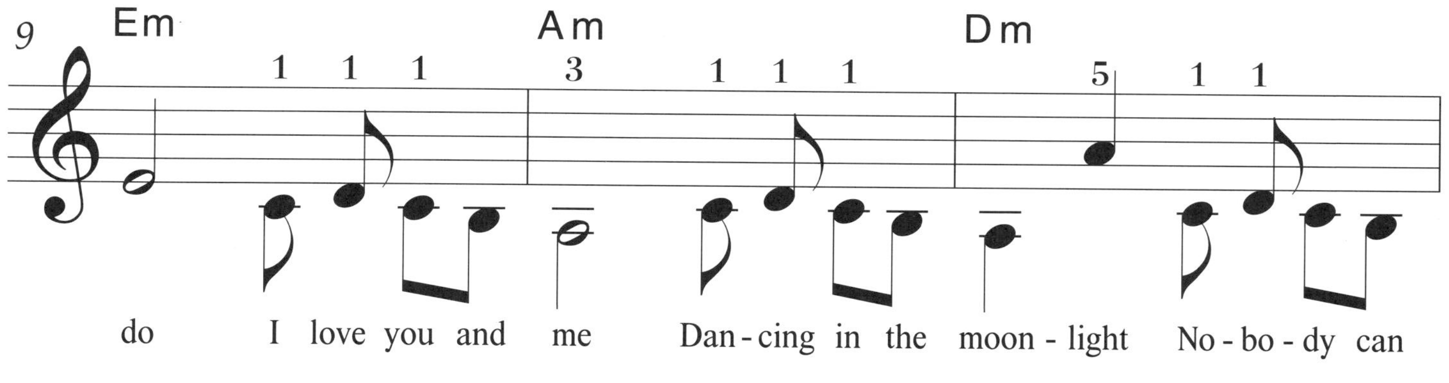

9
Em
Am
Dm
1 1 1
3 1 1 1
5 1 1
do
I love you and me
Dan - cing in the moon - light
No - bo - dy can

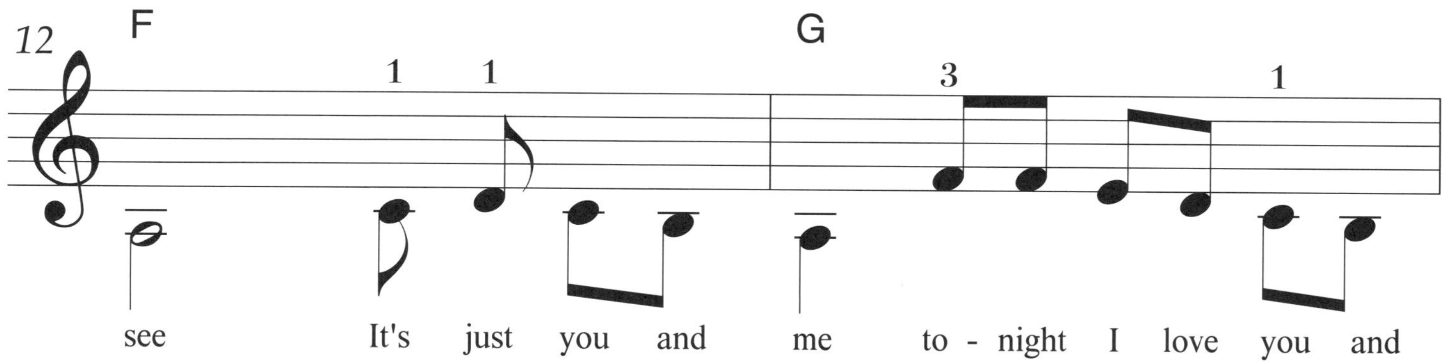

12
F
G
1 1
3
1
see
It's just you and
me to - night I love you and

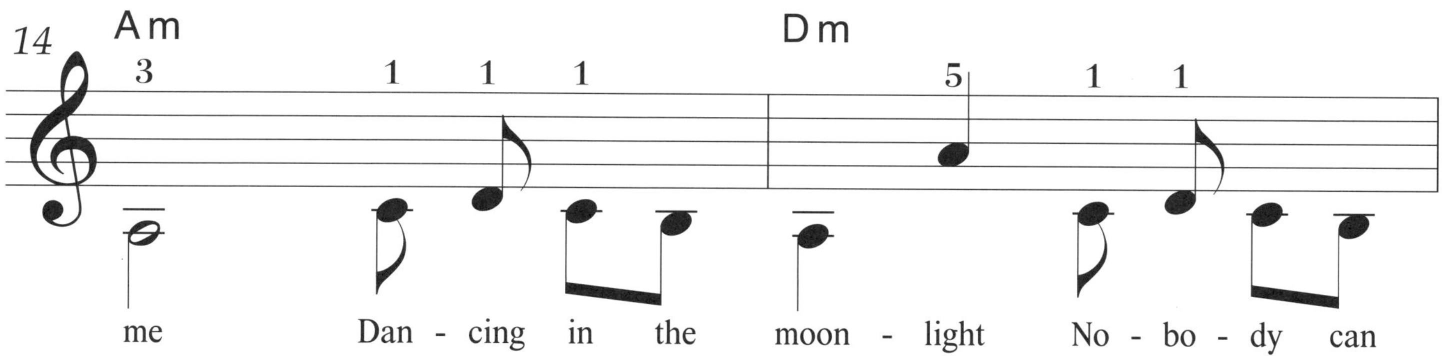

14
Am
Dm
3 1 1 1
5 1 1
me
Dan - cing in the moon - light
No - bo - dy can

16
F
G
Am
1 1
3 3 1 1
see
It's just you and me to - night I love you and me

Em
Am
Dm
F
G
Am
Dm
F
G
Am

Magnetic

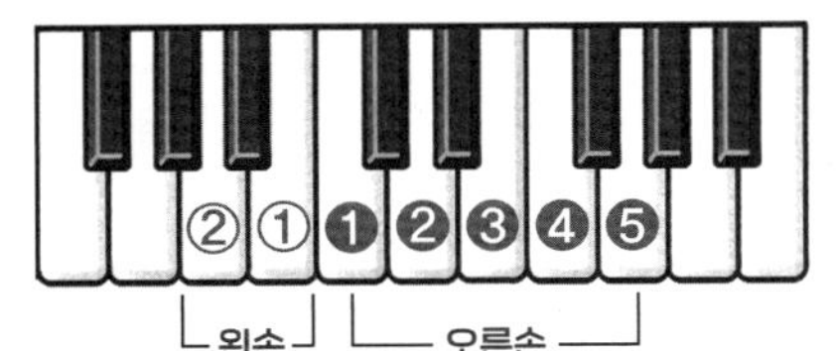

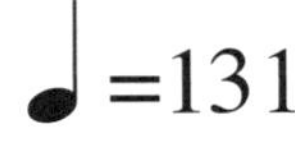

Slow Rabbit, Martin, VINCENZO, 외 12명 **작사**
Slow Rabbit, Martin, VINCENZO, 외 12명 **작곡**
아일릿(ILLIT) **노래**

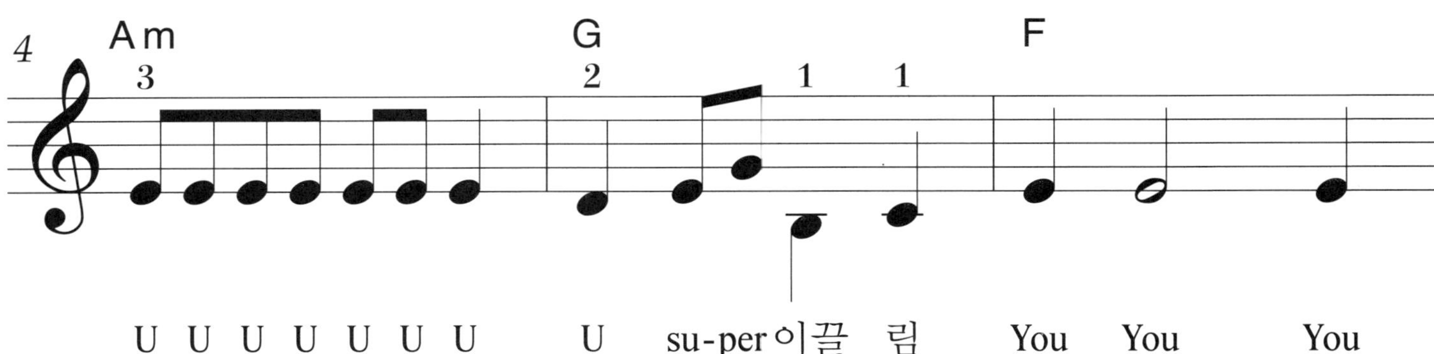

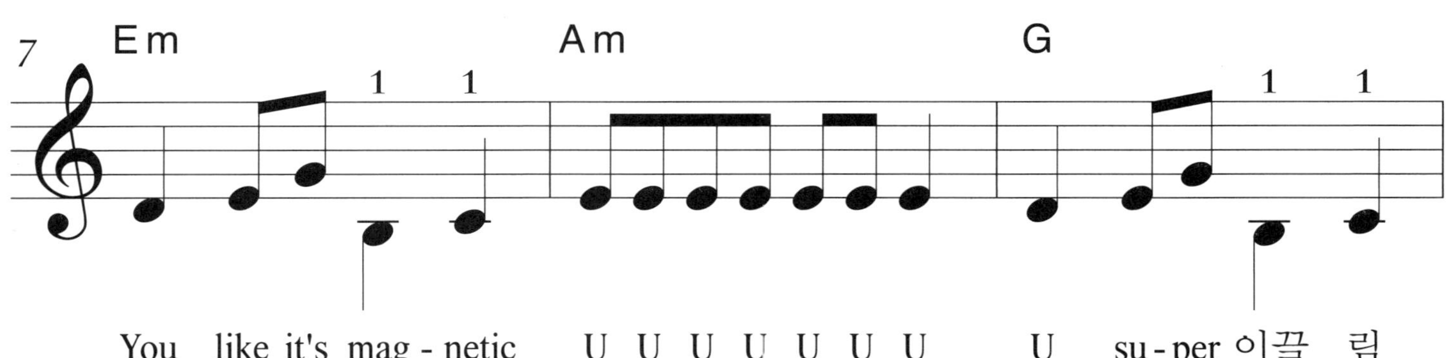

💜 선생님 반주 💜

10
F
Em
BAE BAE   BAE BAE BAE   BAE   BAE BAE   BAE

12
Am
G
F
Dash-da - da Dash-da - da   Dash-da Like is mag-ne-tic   BAE BAE BAE BAE BAE BAE

15
Em
Am
BAE BAE BAE   Dash-da - da Dash-da - da   Baby don't say no

F   Em   Am   G   F   Em   Am

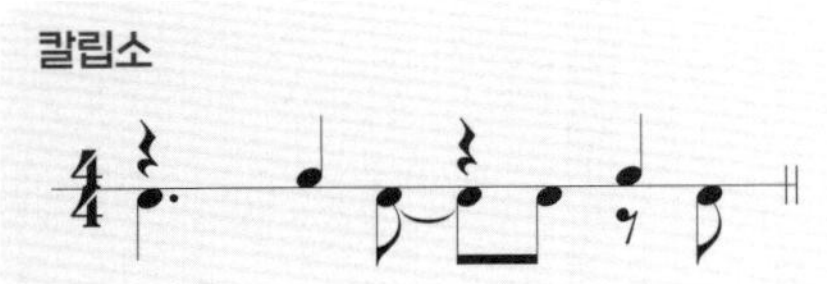

Bubble

전군 외 2명 **작사**
라도 외 1명 **작곡**
스테이씨(STAYC) **노래**

♩ = 132

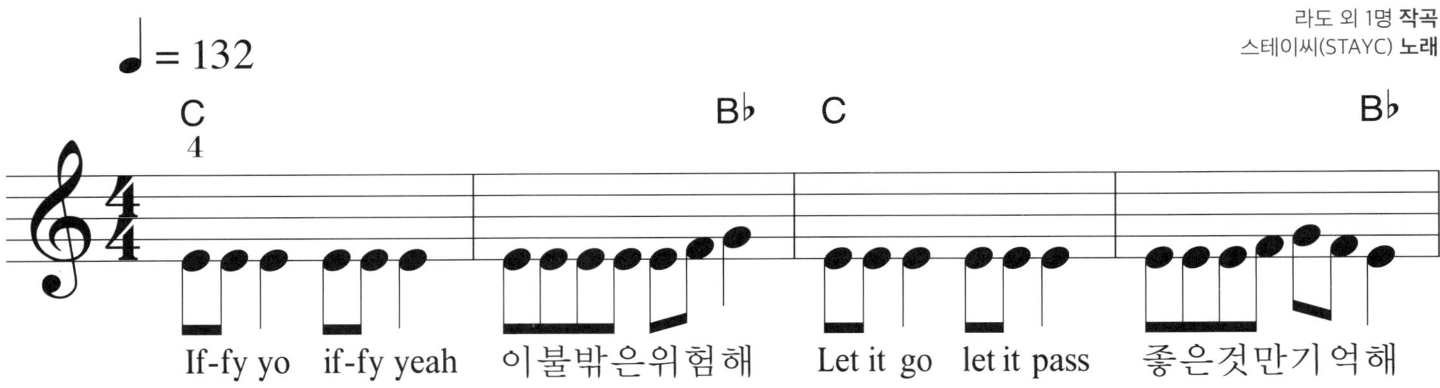

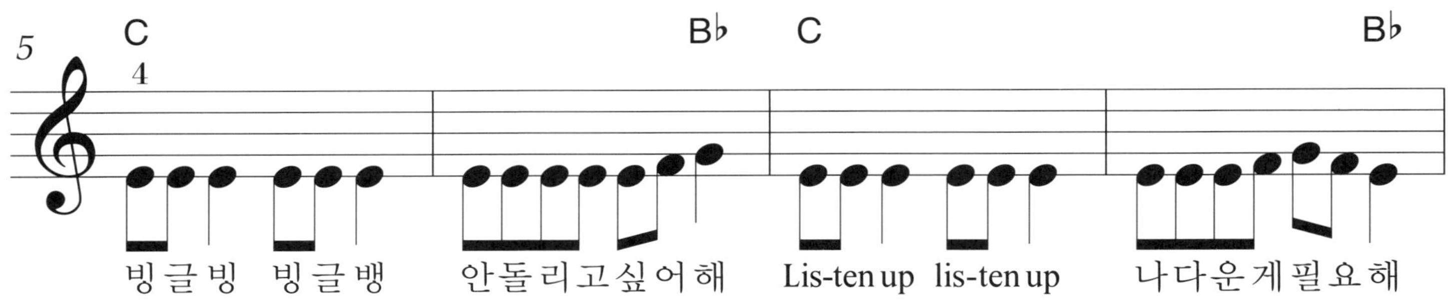

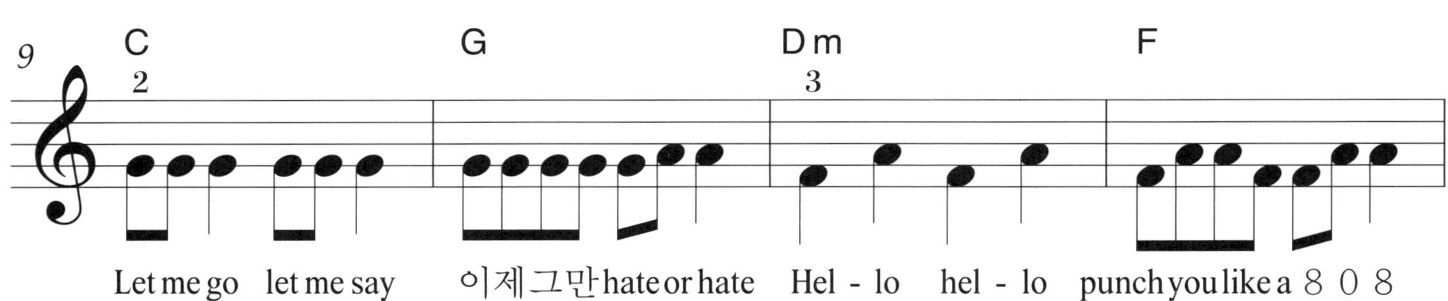

♥ **선생님 반주** ♥

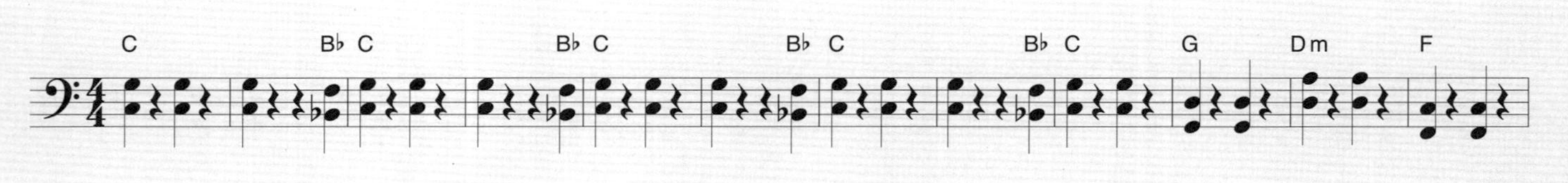

C   G   Dm   F   G
나는나 너는너   전혀문제없는걸   다 른것 과틀린건   달 라 동그라

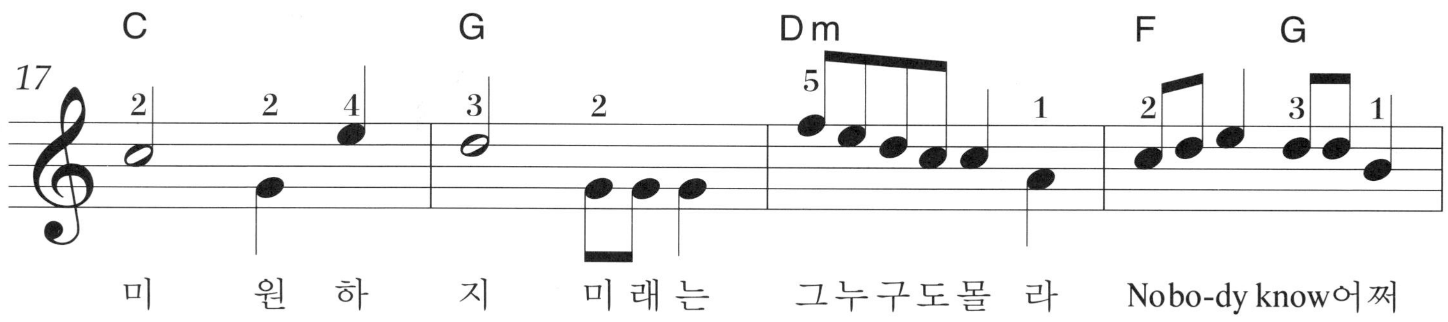

C   G   Dm   F   G
미 원 하 지   미래는   그누구도몰 라   No bo-dy know어쩌

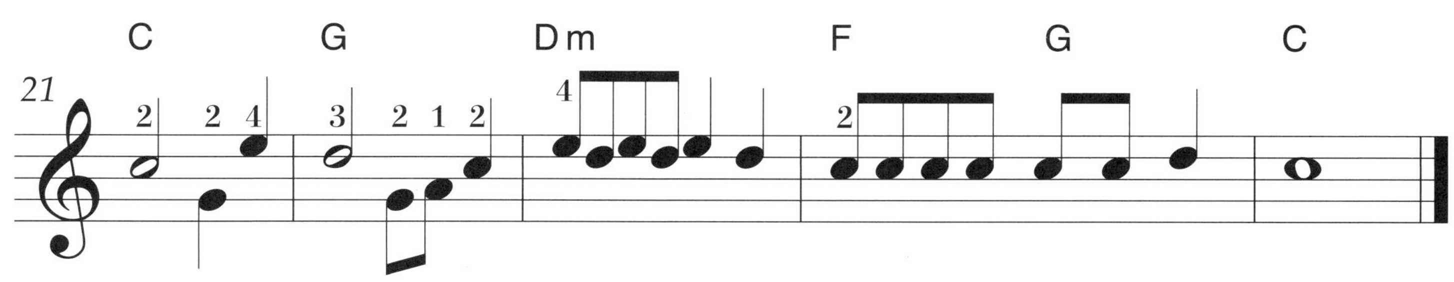

C   G   Dm   F   G   C
지 I can't be 어디로   튐지몰라Stu-pid   stop잔 소린 Bubble bubble Bub - ble

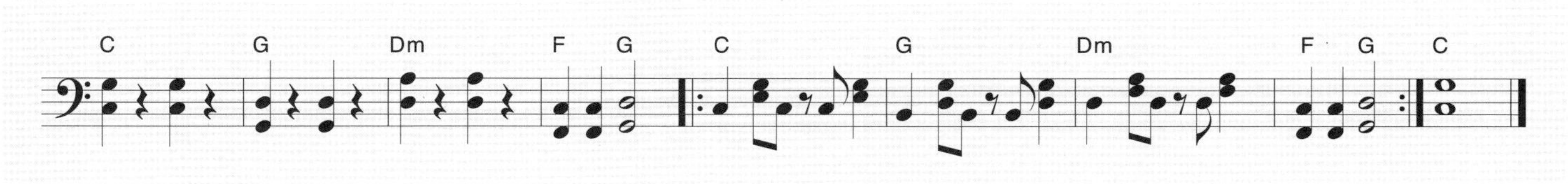

C   G   Dm   F   G   C   G   Dm   F   G   C

Fast Forward

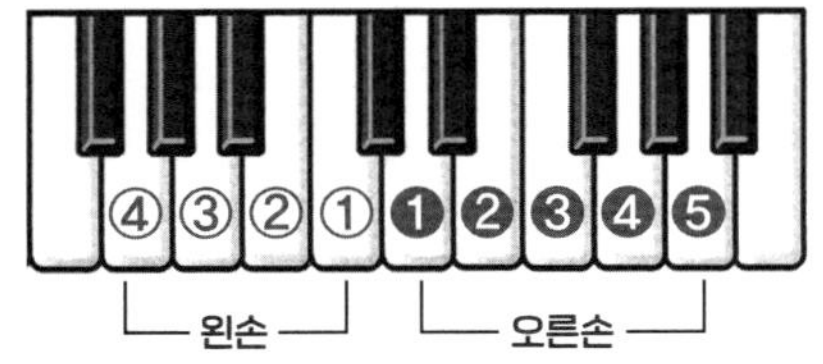
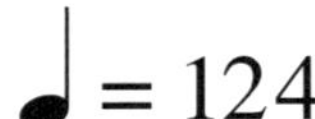

Teddy 외 3명 **작사**
Teddy 외 3명 **작곡**
전소미(JEON SOMI) **노래**

♩ = 124

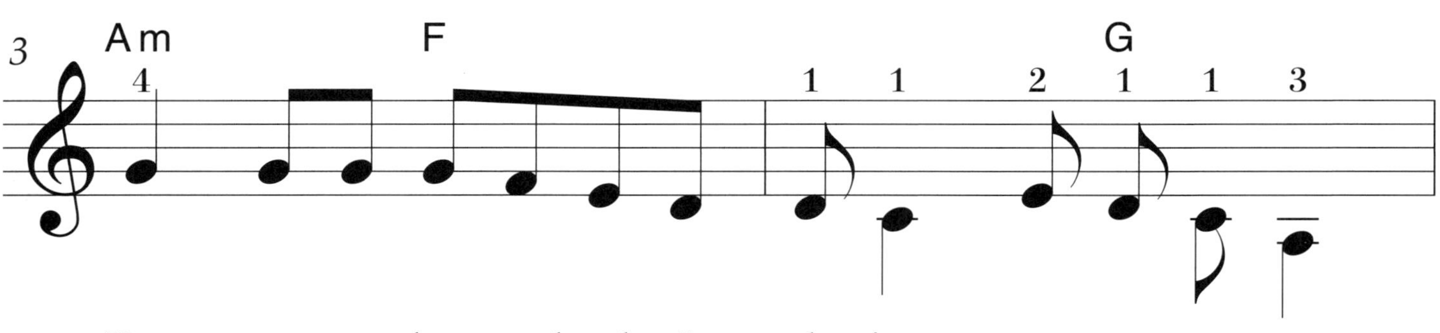

💙 **선생님 반주** 💙

Am
F
G
Am
How ma - ny   how ma - ny   how ma - ny   Fast For - ward
Am
F
G
Am
F
G
Am
F
G
Am
F
G
Am
x3

Love 119

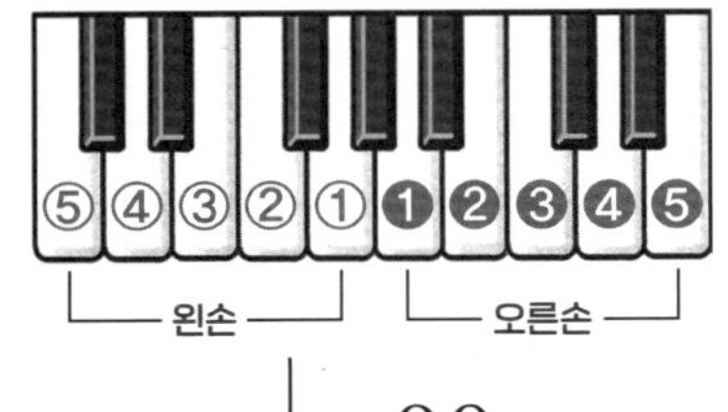

정다슬(ARTiffect) 외 3명 **작사**
Jason Hahs 외 3명 **작곡**
라이즈(RIIZE) **노래**

♩ = 99

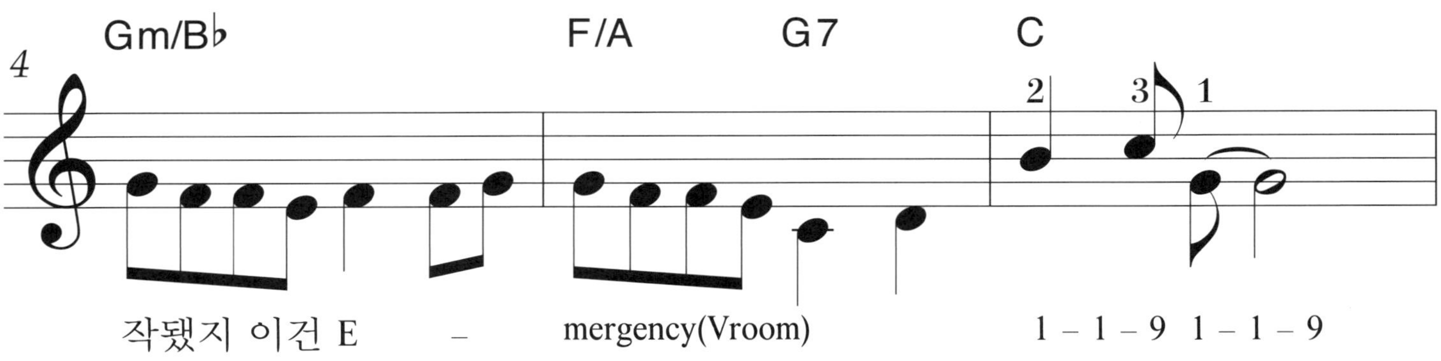

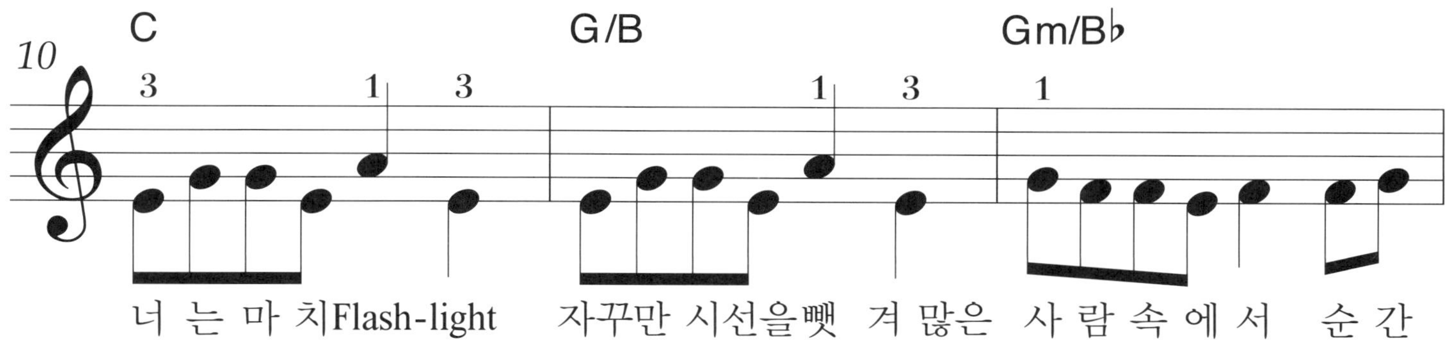

C
G/B
Gm/B♭
너 는 마 치Flash-light
자꾸만 시선을뺏 겨 많은 사 람 속 에 서 순 간

F/A
G7
C
G/B
F/A
너 만 보 였 어 다들말 하 지 Love is so sweet
난 아직

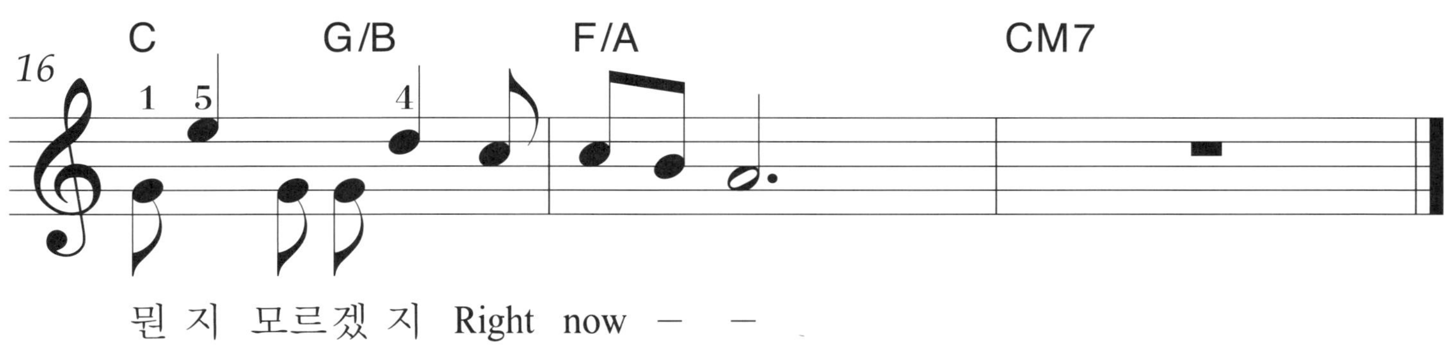

C
G/B
F/A
CM7
뭔 지 모르겠 지 Right now － － －

C
G/B
Gm/B♭
F/A
G7
C
G/B
F/A
C
G/B
F/A
CM7

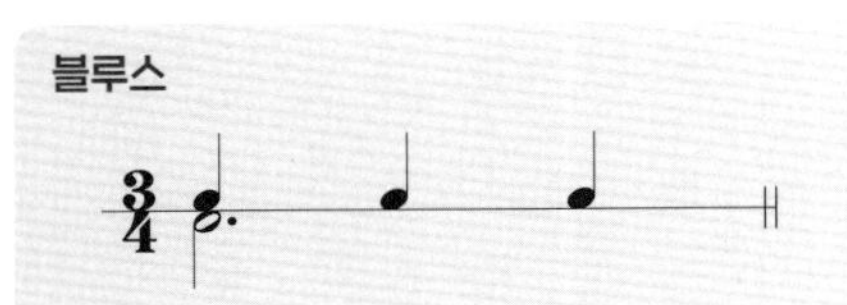

Love wins all

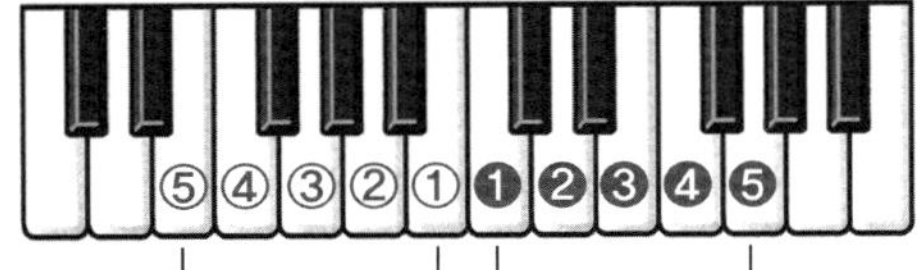

아이유 **작사**
서동환 **작곡**
아이유(IU) **노래**

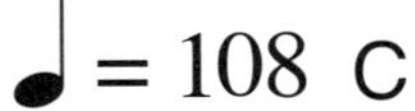

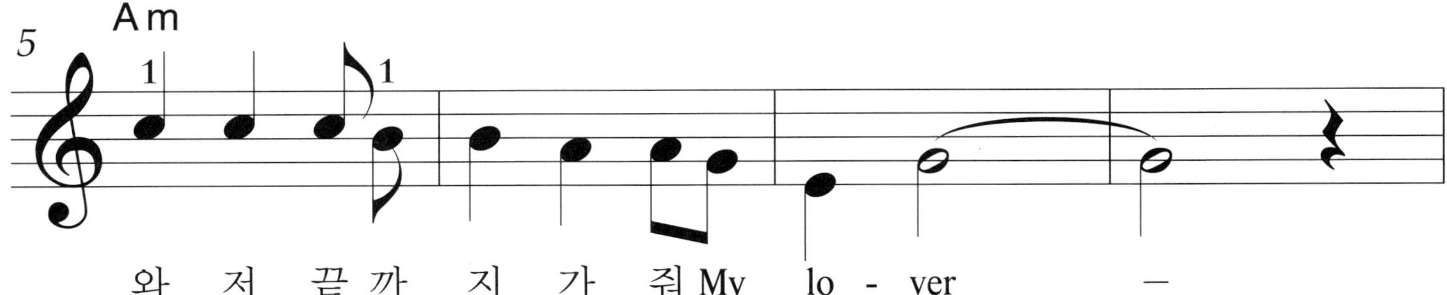

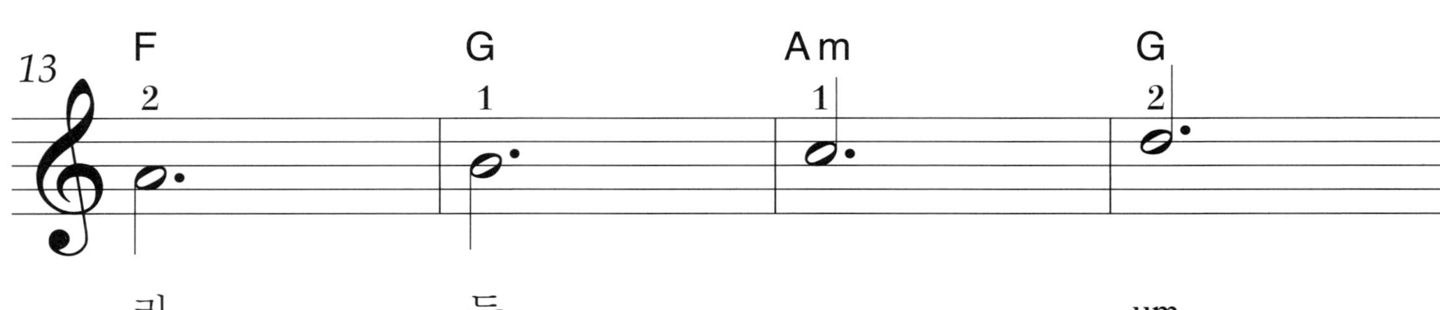

💜 **선생님 반주** 💜

C
부 서 지 도 록 나 를 꼭 안 아 — 더
Am7
사 랑 히 내 게 입 맞 춰 Lo - ver —
F
Love — — — — wins all Love — — — — win all
F G Am G C
Love Love Love Love —
C Am7 F G Am G C

밤양갱

장기하 작사
장기하 작곡
비비(BIBI) 노래

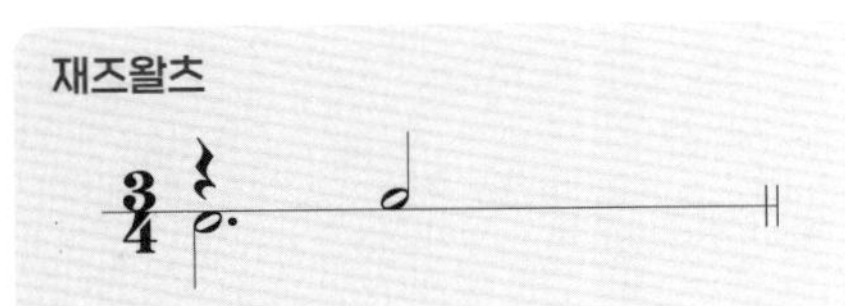

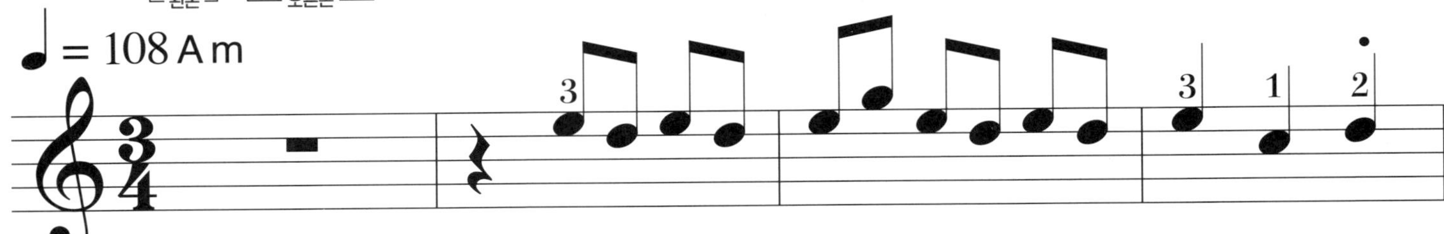

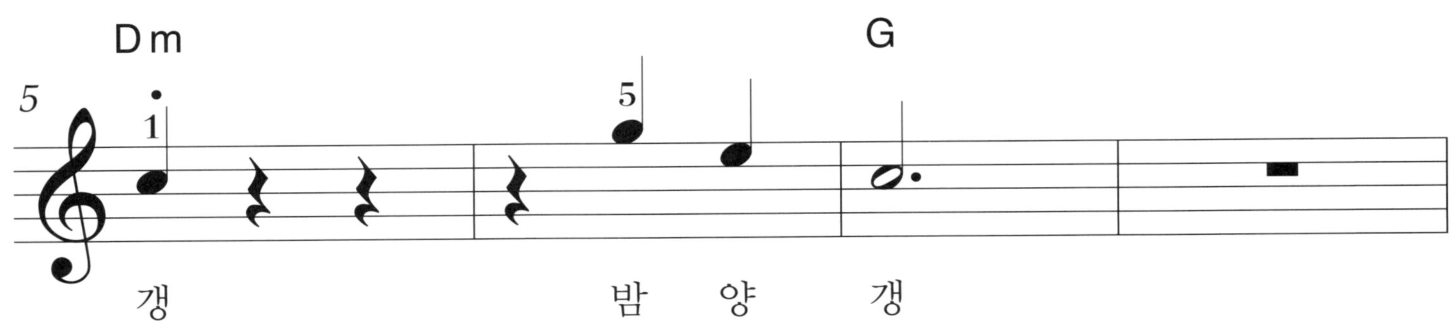

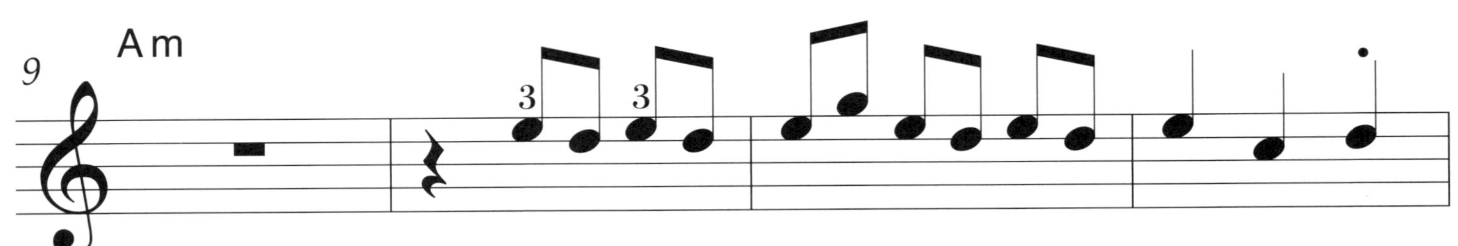

♥ 선생님 반주 ♥

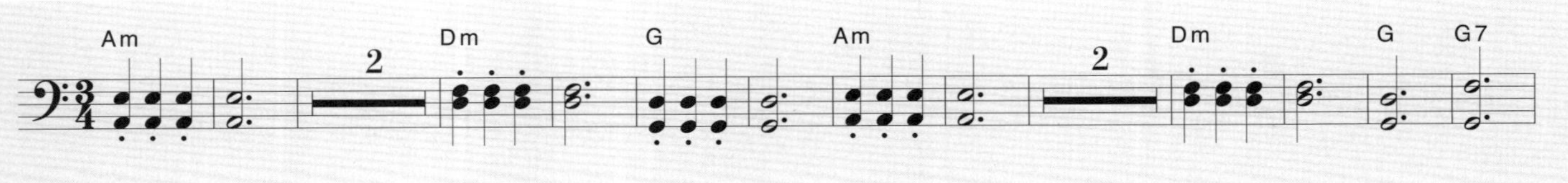

C
Fm/C
나 는 길 에 니 가
아 냐 내 가 늘 바

Am/C
D
Fm
내 게 말 했 지 너 는 바
란 건 하 나 야 한 개 뿐

1. C/E
D#dim
Dm
라 는 게 너 무 나 많 아

2. C/E
Dm7
G
C
이 야 달디 단 밤 양 갱

후라이의 꿈

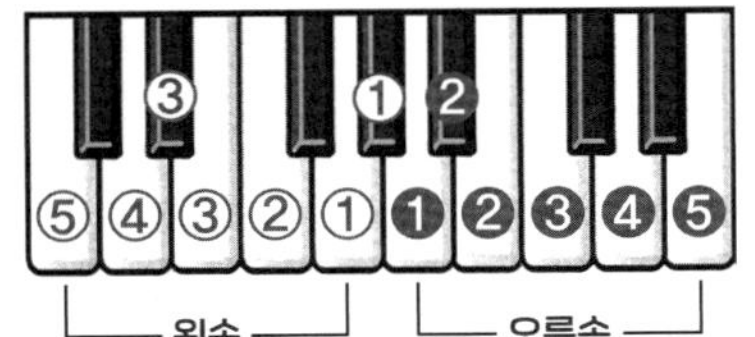

이찬혁 **작사**
이찬혁 외 1명 **작곡**
악뮤(AKMU) **노래**

♩ = 125

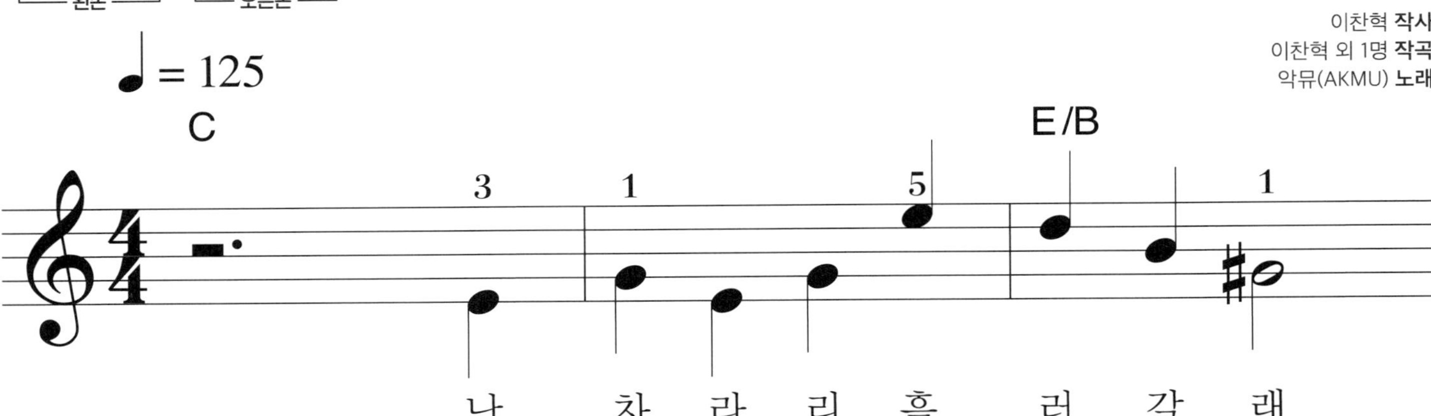

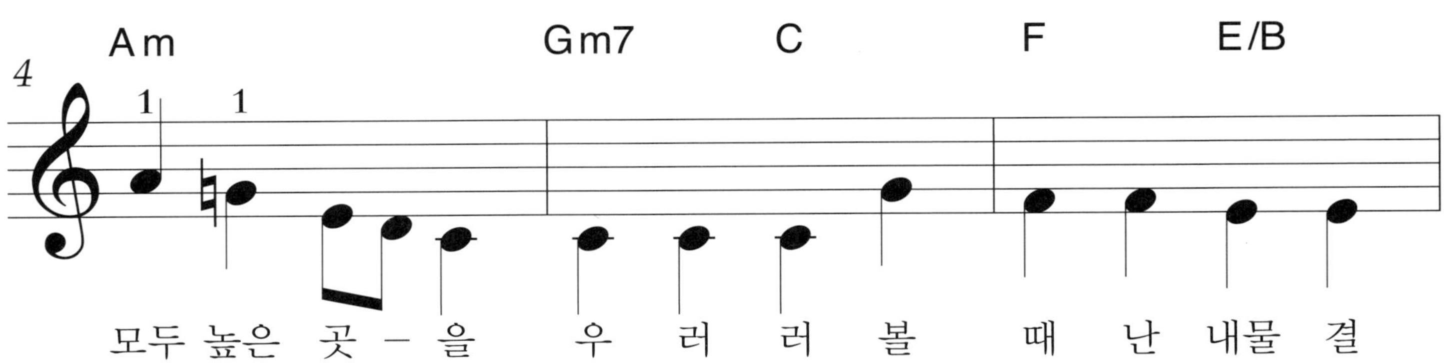

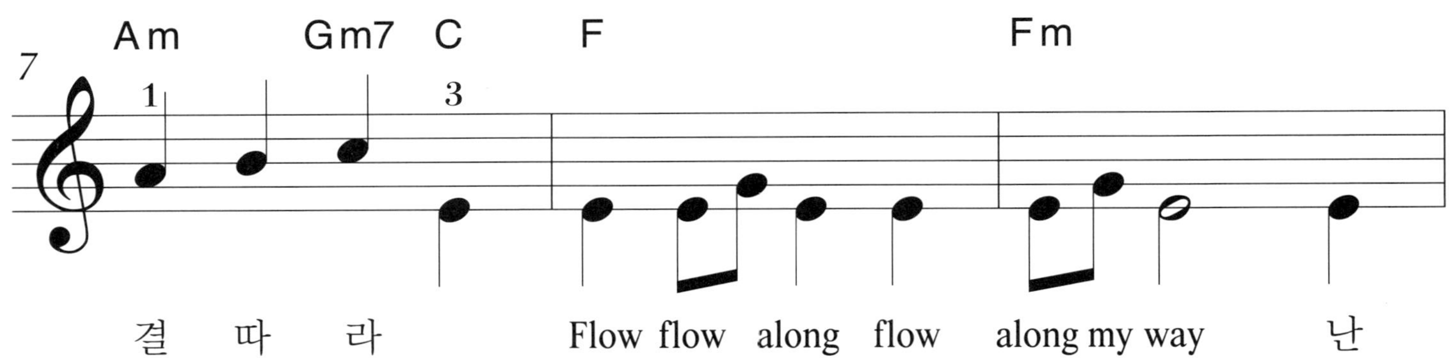

♥ 선생님 반주 ♥

C   E/B   Am
차 라 리 꽉 눌 러 붙 을 래 날 재
Gm7   C   F   E/B   Am   Gm7 C
촉 한 다 면 따뜻 한 밥위 에 누워 자 는 계란
F   Fm   C
fry - fry - 같 이 나 른 하 게
C   E/B   Am   Gm7 C   F E/B   Am Gm7 C   F   Fm   C

에피소드

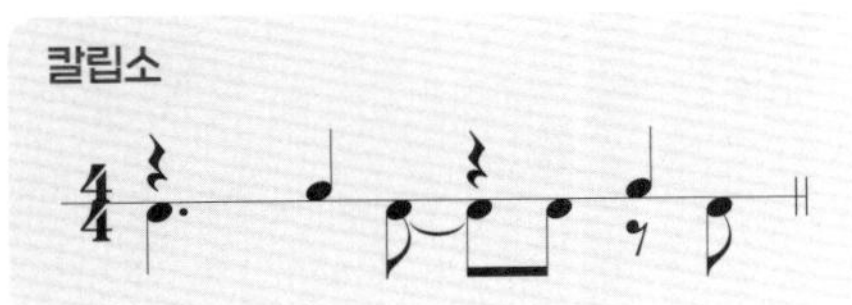

이무진 **작사**
이무진 외 3명 **작곡**
이무진(Lee Mujin) **노래**

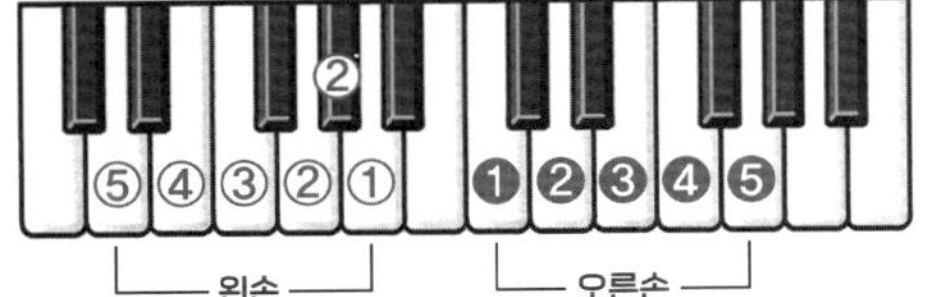

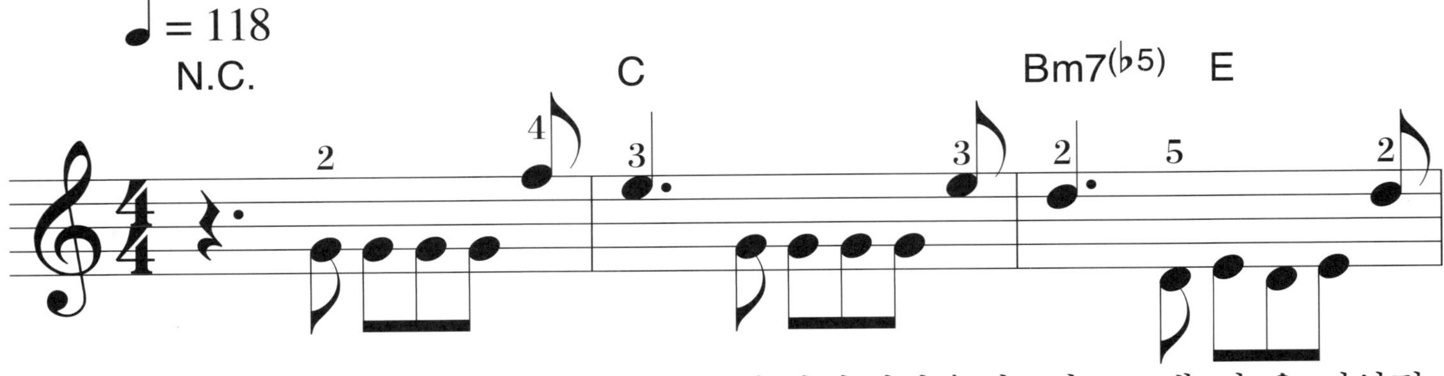

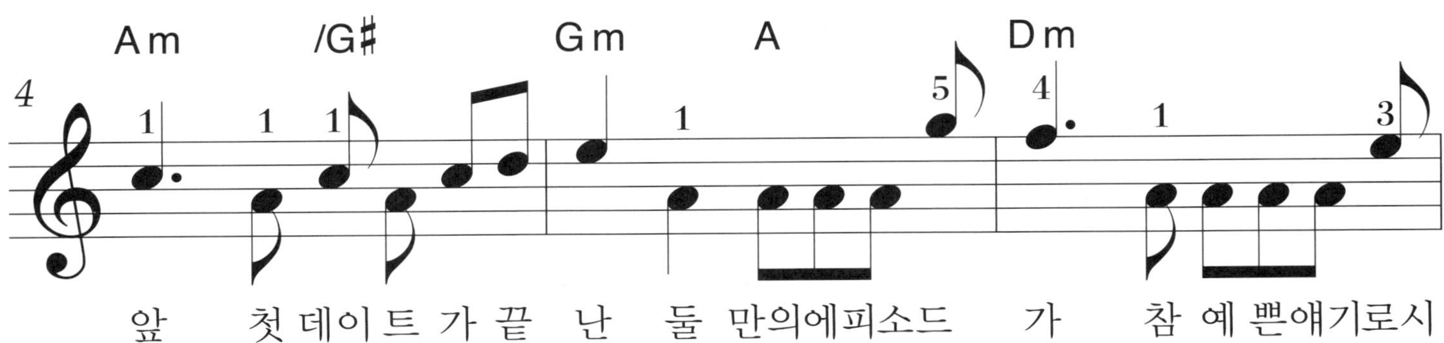

♥ 선생님 반주 ♥

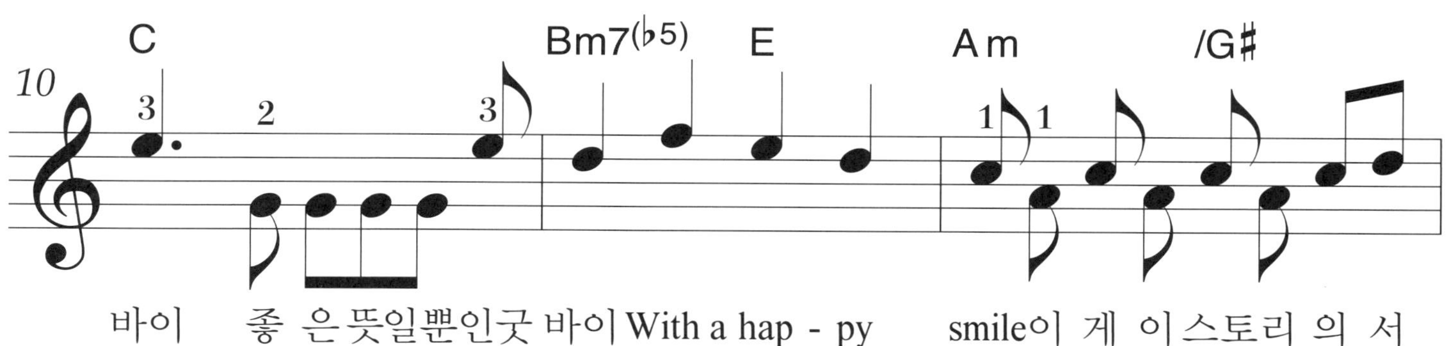

C   Bm7(♭5)   E   Am   /G#
바이 좋 은뜻일뿐인굿 바이 With a hap - py   smile이 게 이스토리 의 서

Gm   C7   F   G   E   Am
막 눈 내 리 던   그밤 겨 울 향   이 배어 서더눈부

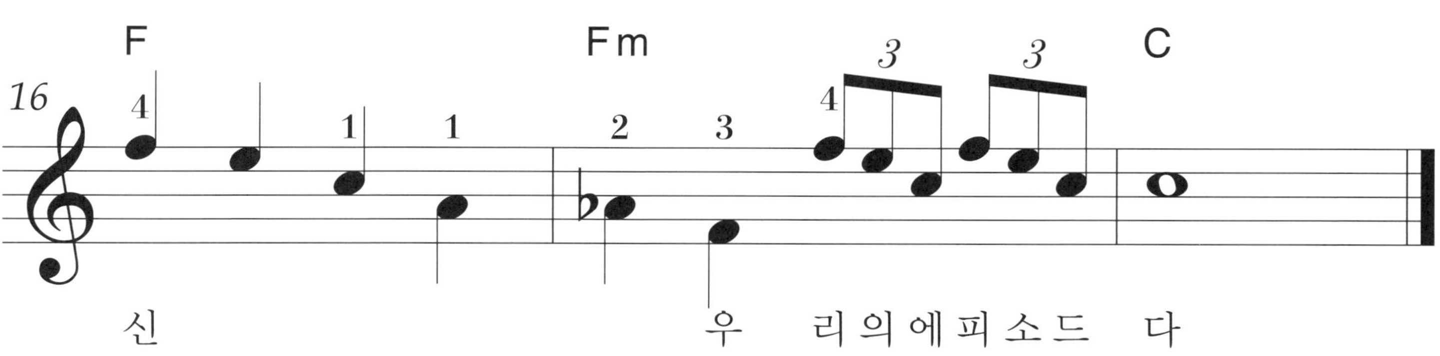

F   Fm   C
신   우 리의에피소드   다

C   Bm7(♭5) E   Am   /G#   Gm C7   F   G   E   Am   F   Fm   C

Perfect Night

Megatone, 허윤진, Score 외 9명 **작사**
Megatone, 허윤진, Score 외 9명 **작곡**
르세라핌(LE SSERAFIM) **노래**

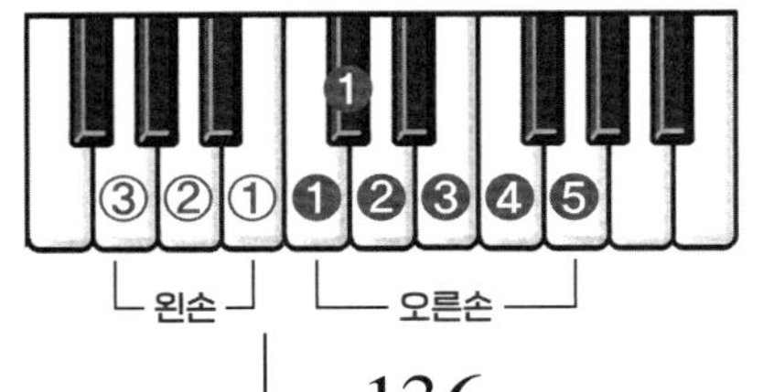

♩ = 136

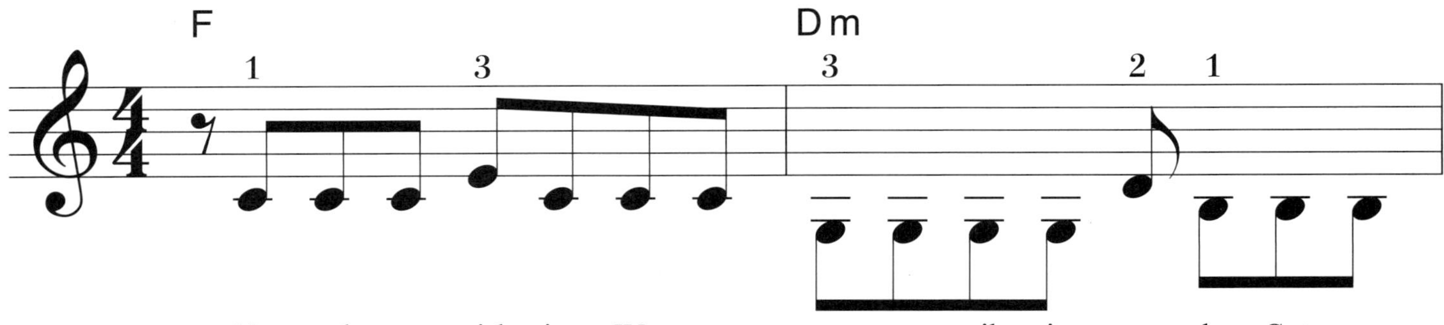

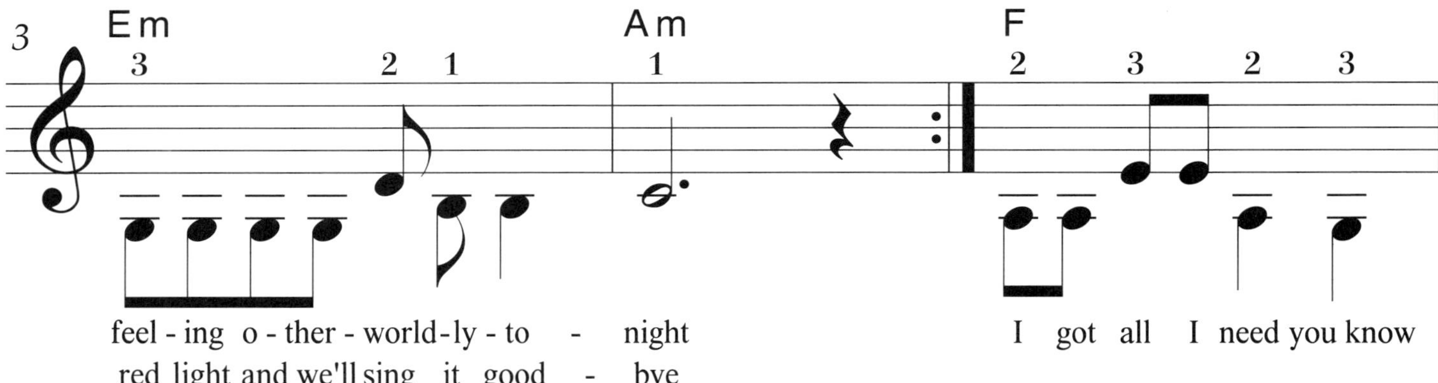

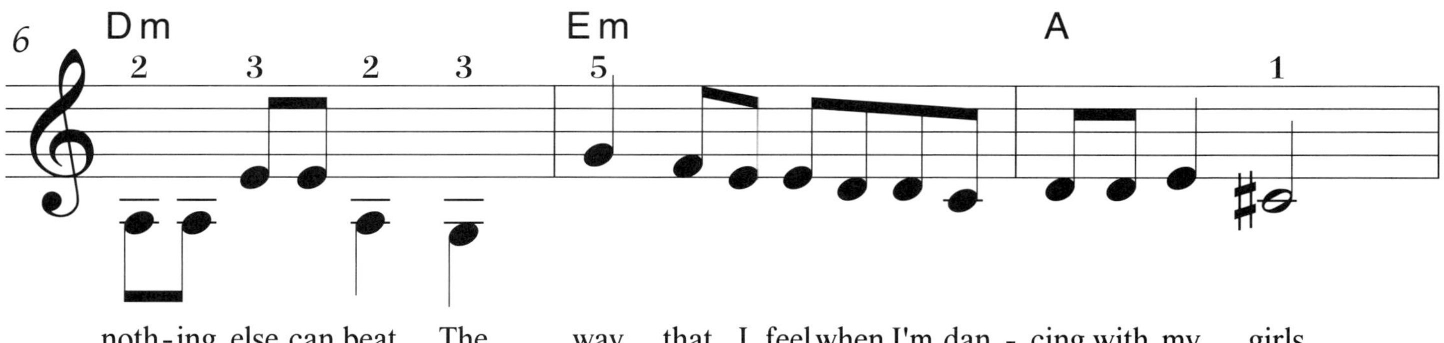

♥ 선생님 반주 ♥

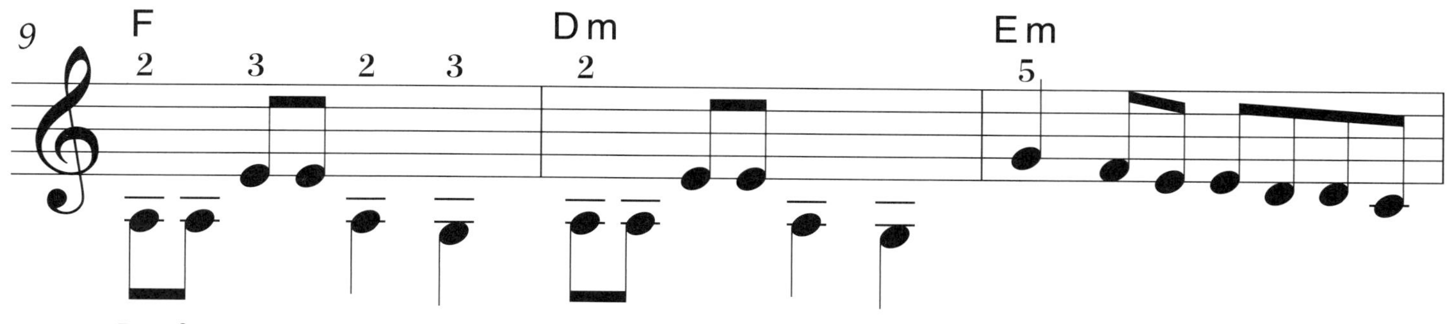

9
F
2   3   2   3
Dm
2
Em
5
Per-fect e - ner-gy yeah we   flawless yeah we free There's   no   bet-ter feel-ing in the

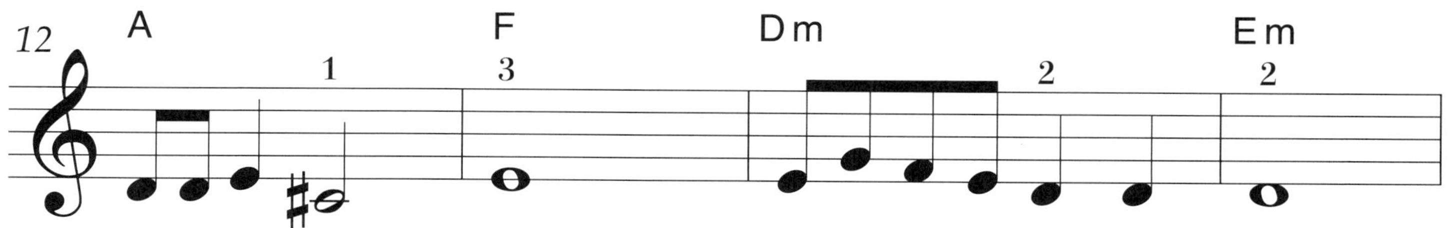

12
A
1
F
3
Dm
2
Em
2
whole wide — world   Tonight   I don't care what's wrong or   right

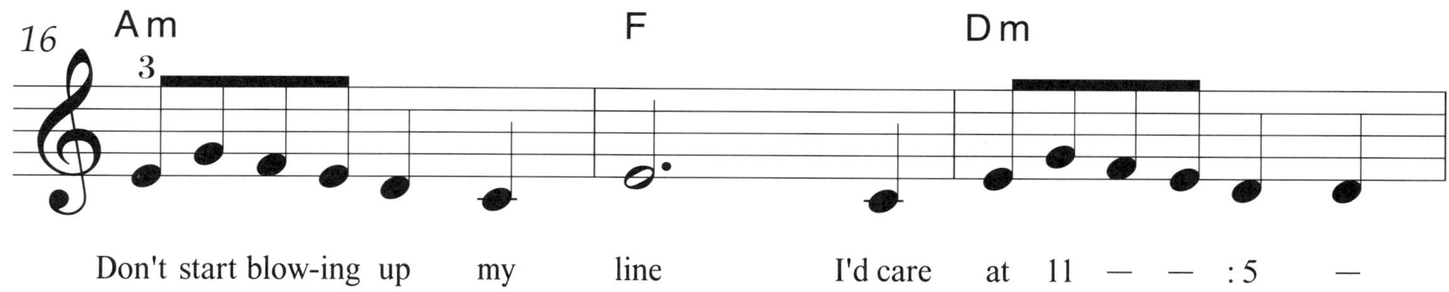

16
Am
3
F
Dm
Don't start blow-ing up   my   line   I'd care   at 11 — — :5 —

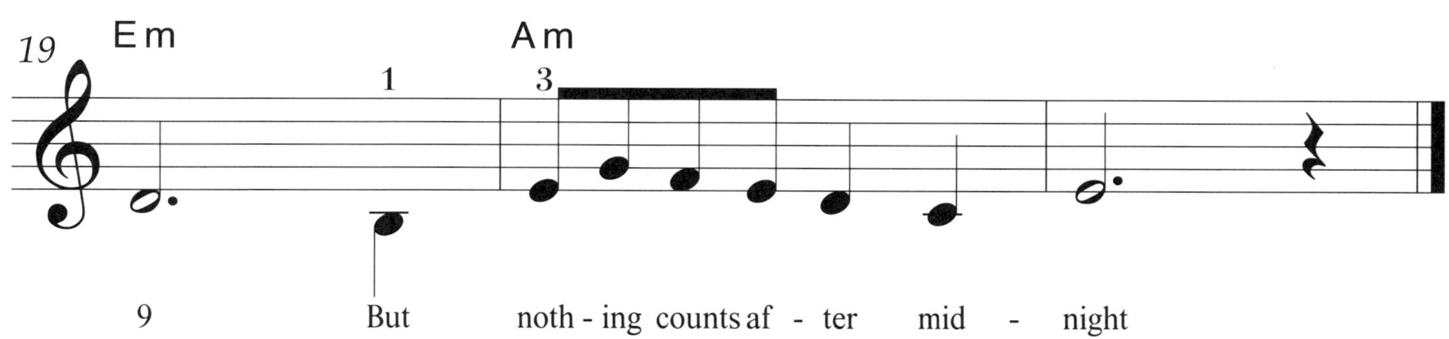

19
Em
1
Am
3
9   But   noth - ing counts af - ter   mid - night

F   Dm   Em   A   F   Dm   Em   Am

Chill Kill

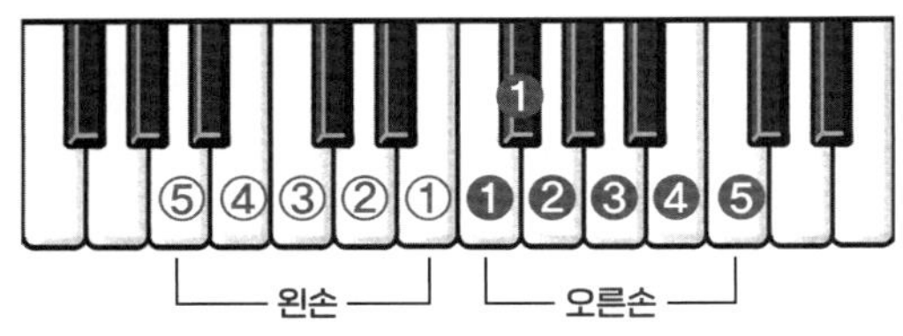

KENZIE 외 4명 **작사**
KENZIE 외 4명 **작곡**
레드벨벳(Red Velvet) **노래**

♩ = 148

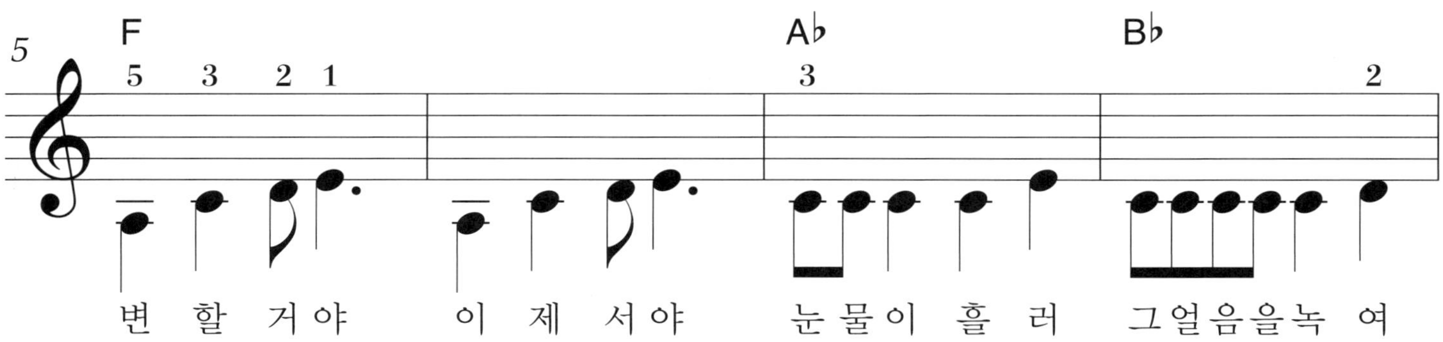

💙 **선생님 반주** 💙

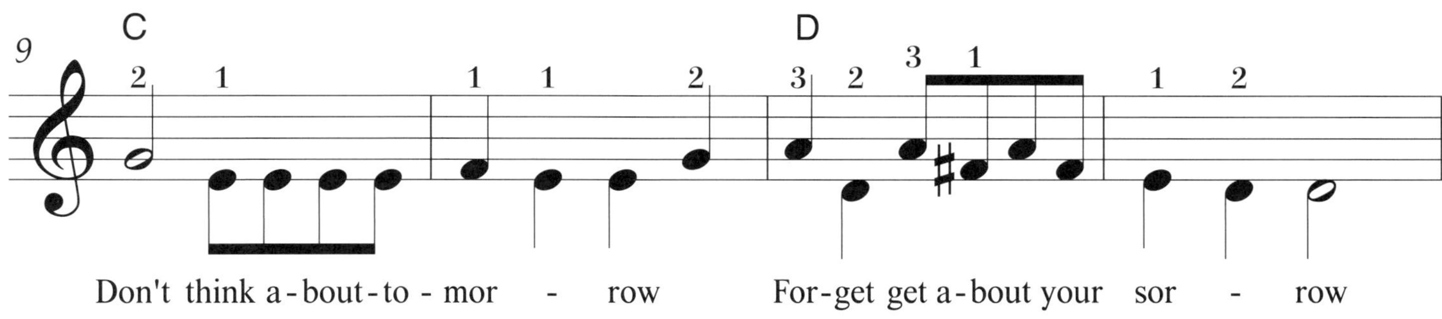

C
D
Don't think a-bout-to-mor - row
For-get get a-bout your sor - row

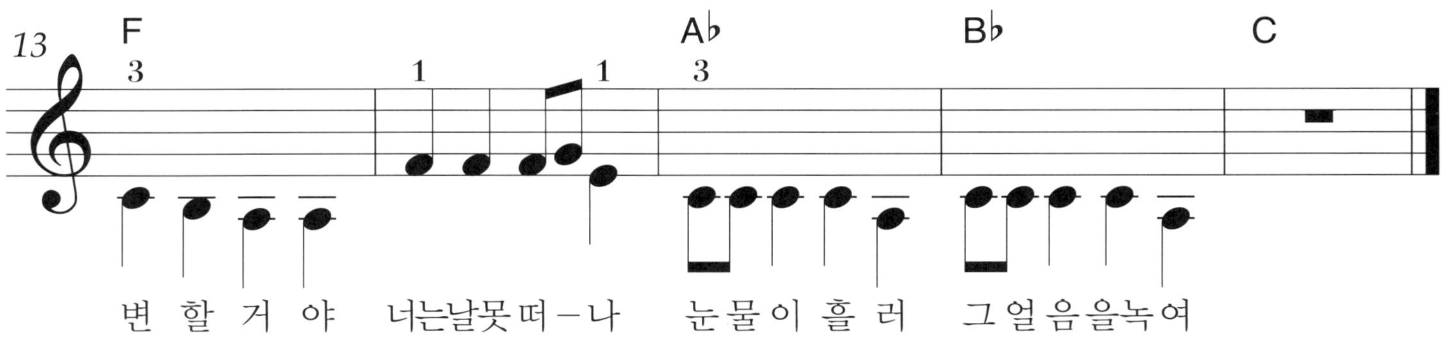

F
A♭
B♭
C
변 할 거 야   너는날못떠 — 나   눈물이흘러   그얼음을녹여

C
D
F
A♭
B♭
C

Discord

이동혁 외 2명 **작사**
이동혁 외 3명 **작곡**
큐더블유이알(QWER) **노래**

♩ = 132

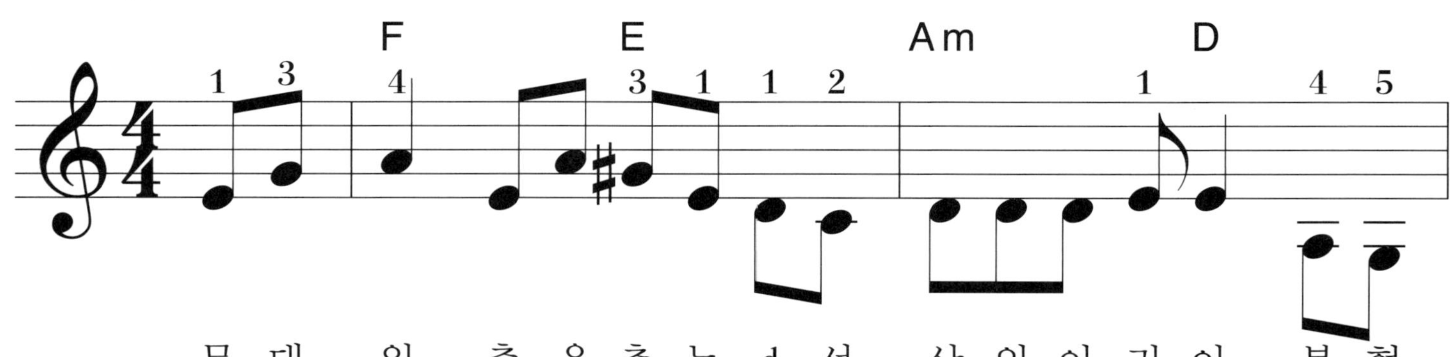

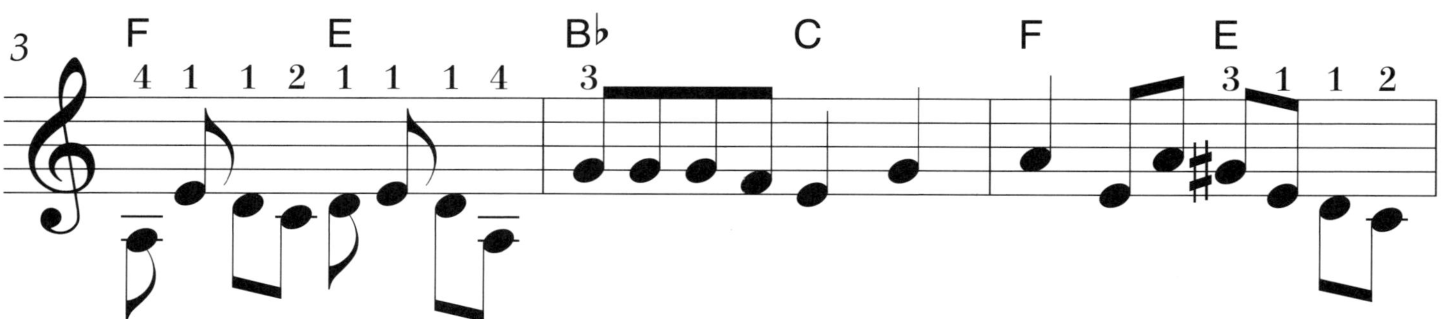

💙 **선생님 반주** 💙

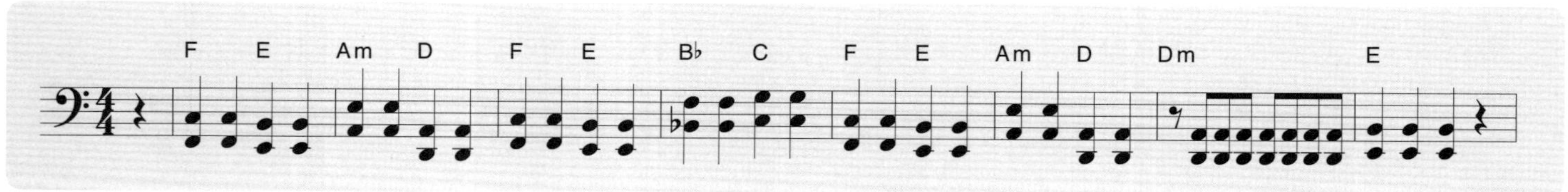

F E Am Dm F E
이 것 도 나 야 나 야 나
Am F E Am D
이 런 내 가 궁 금 하 니 뭘 해 도 나 야 나 야
F E Am A♭ G Am
나 들어줘 나 의 Dis - cord
F E Am Dm F E Am F E Am D F E Am A♭ G Am

나는 아픈 건 딱 질색이니까

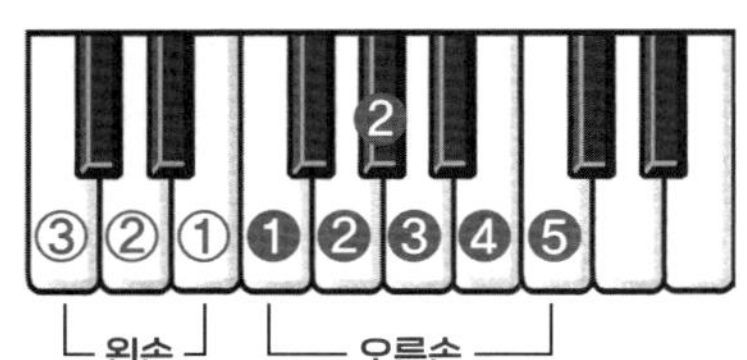

소연 **작사**
Pop time, Daily, 라경 외 1명 **작곡**
(여자)아이들((G)I-DLE) **노래**

♩ = 115

♥ 선생님 반주 ♥

Am   F   E   Am   F   Em
있 는것같아괜히이 상하게막울것만   같 고   그 냥 지나치는

Am   F   E   Am
게나을것 같 아 나는   생 각 은 딱 질 색 이   니 까

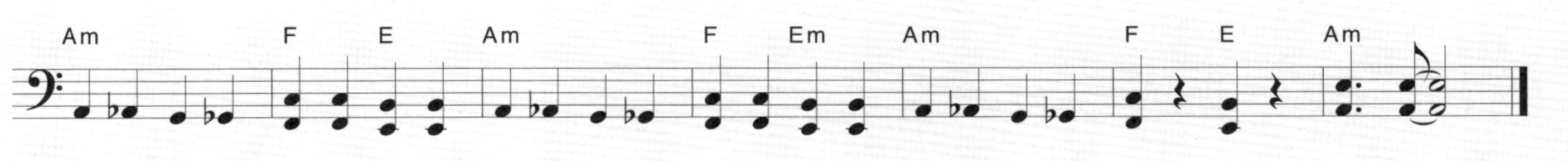

Am   F   E   Am   F   Em   Am   F   E   Am

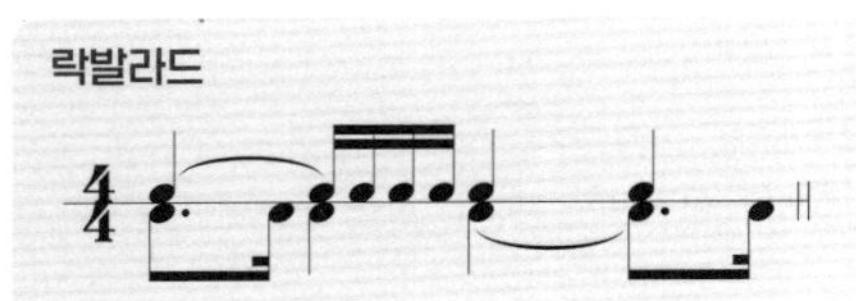

헤어지자 말해요

박재정 작사
박재정 외 2명 작곡
박재정(Parc Jaejung) 노래

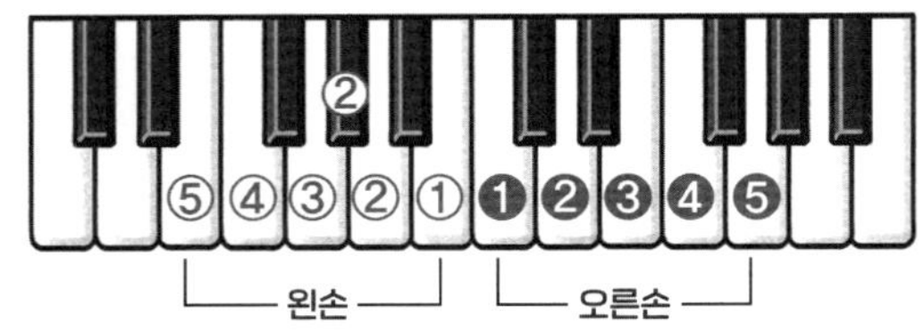

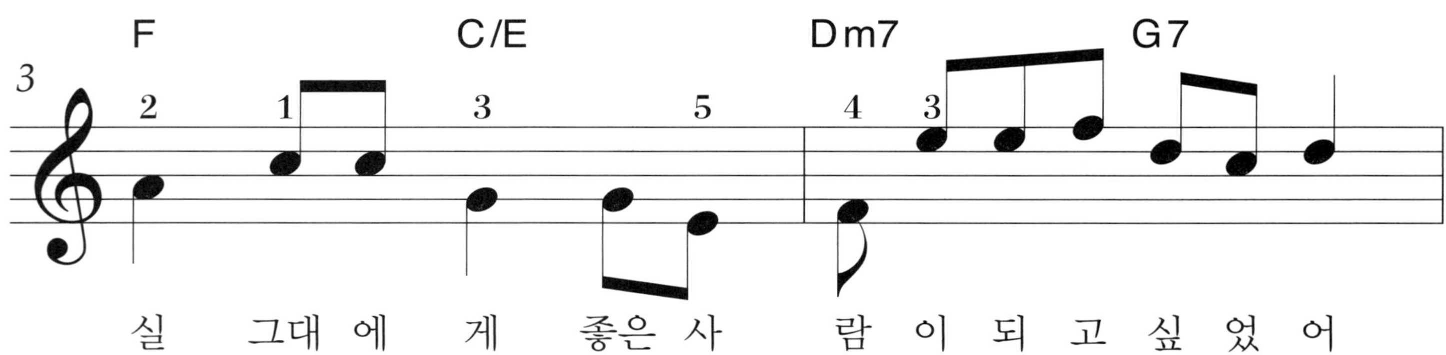

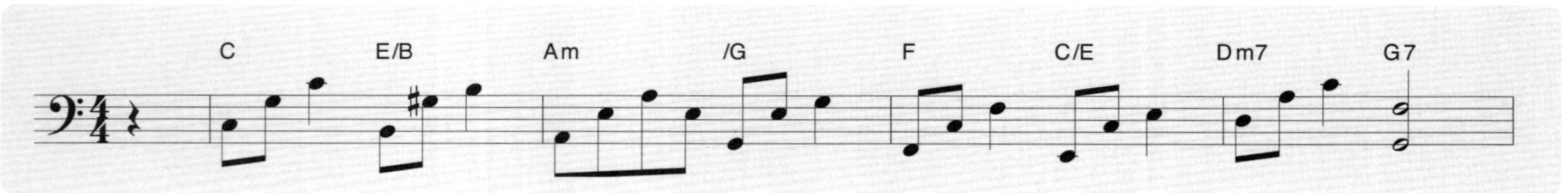

C   E/B   Am   /G
5
1   3   2   4
영 영 다 신 못 본 다 해 도 그 댈 위 한

F   C/E   Dm7   G7   Csus4   C
7
5   3 5   4   3
이 노 래 가 당 신 을 영 원 히 사 랑 할 테 니

C   E/B   Am   /G   F   C/E   Dm7   G7   Csus4   C

Love me like this

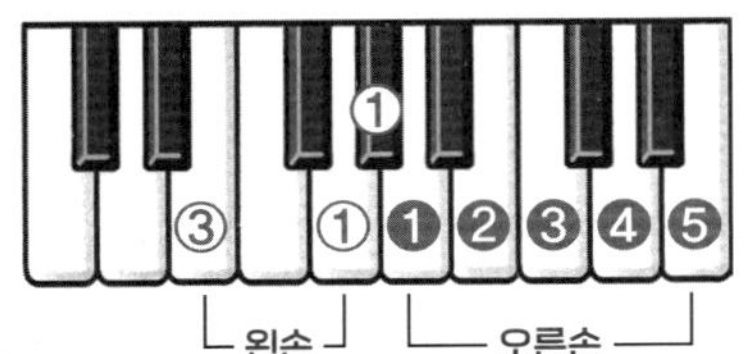

이혜준(ONCLASSA) 외 5명 **작사**
Greg Bonnick 외 3명 **작곡**
엔믹스(NMIXX) **노래**

♩ = 97

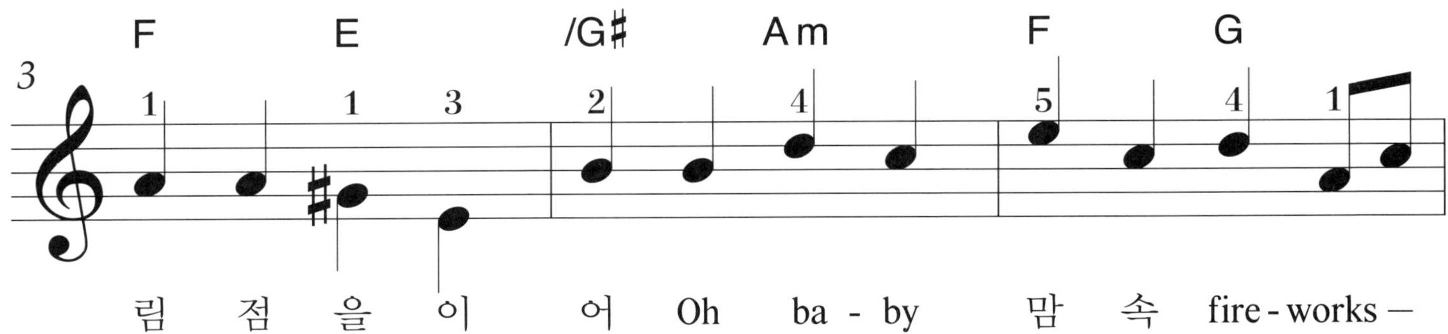

♥ 선생님 반주 ♥

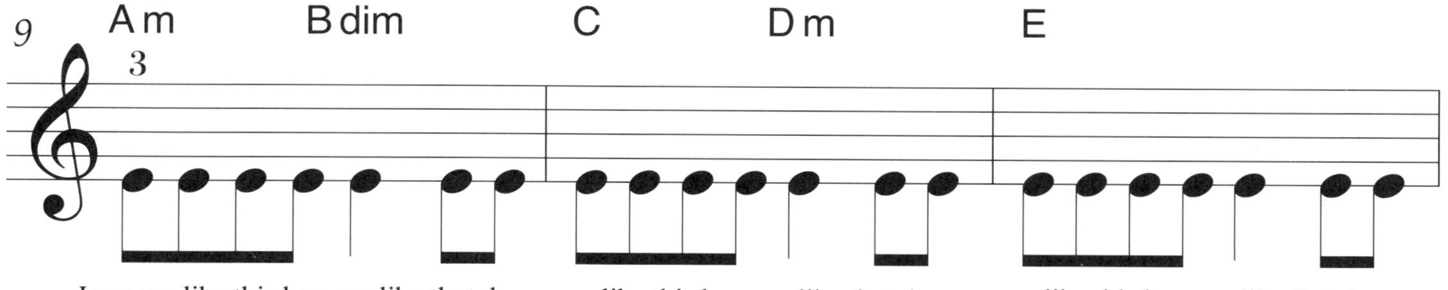

9
Am   Bdim   C   Dm   E
Love me like this love me like that love   me like this love me like that love   me like this love me like that love

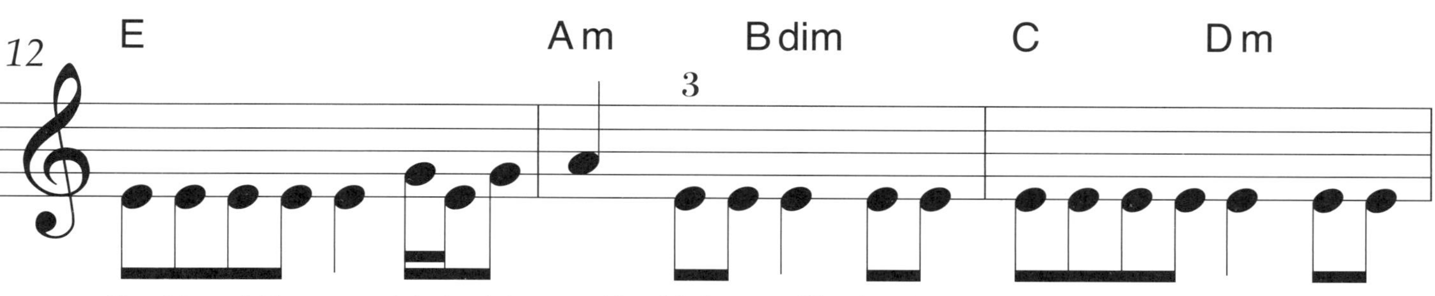

12
E   Am   Bdim   C   Dm
me like this and I love you right back love me like this love me like that love   me like this love me like that love

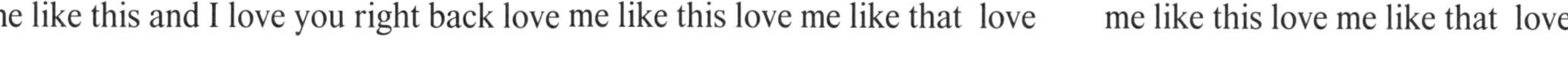

15
E   Am
me like this love me like that love   me like this and I love you right back

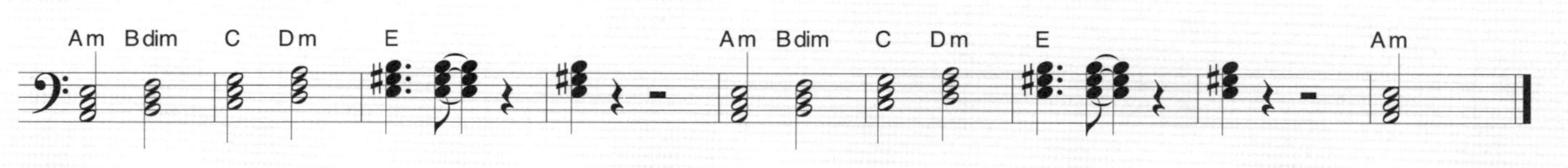

Am Bdim   C   Dm   E   Am Bdim   C   Dm   E   Am

Oompa Loompa

윙카 OST

Leslie Bricusse 외 1명 **작사**
Leslie Bricusse 외 1명 **작곡**
Hugh Grant(휴 그랜트) 외 1명 **노래**

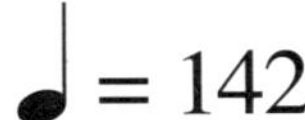

♩ = 142

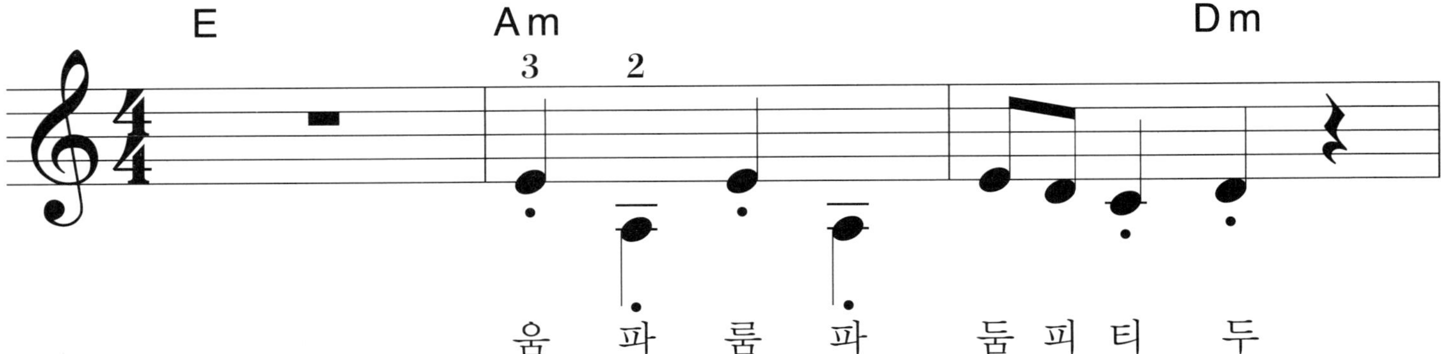

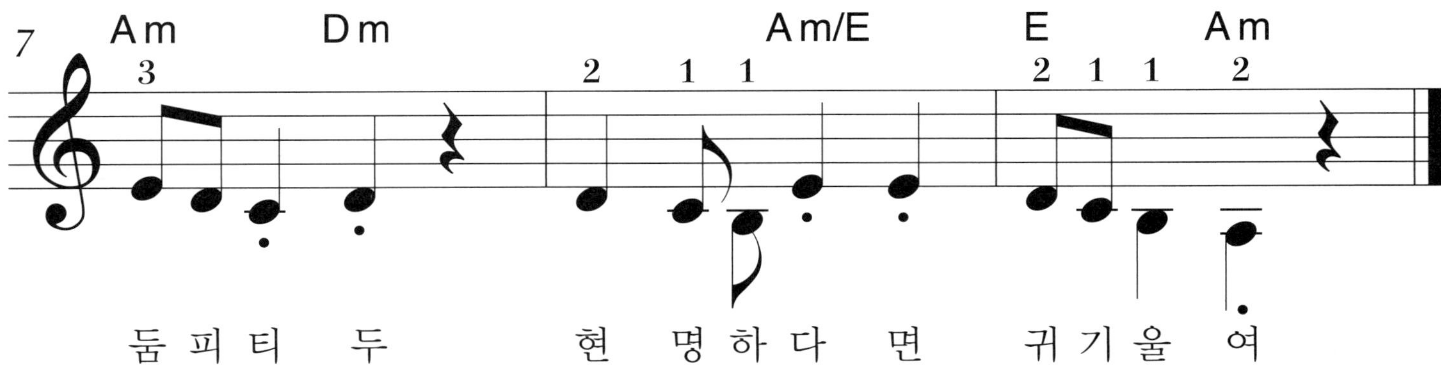

♥ 선생님 반주 ♥

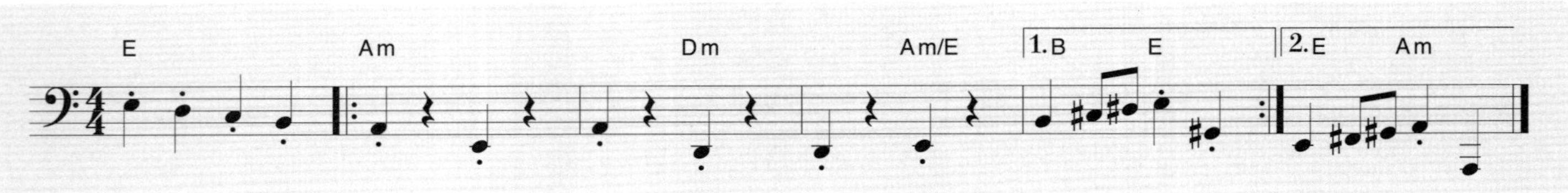

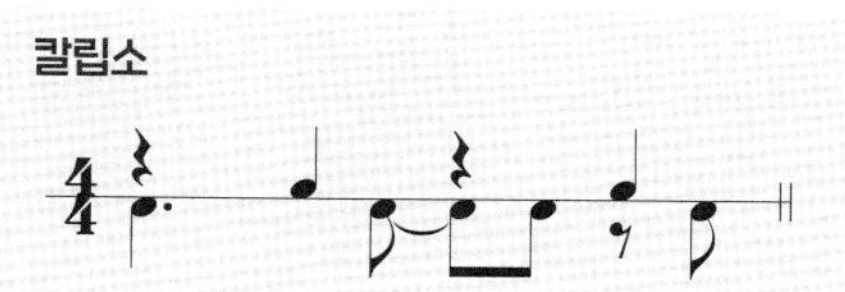

I Love My Body

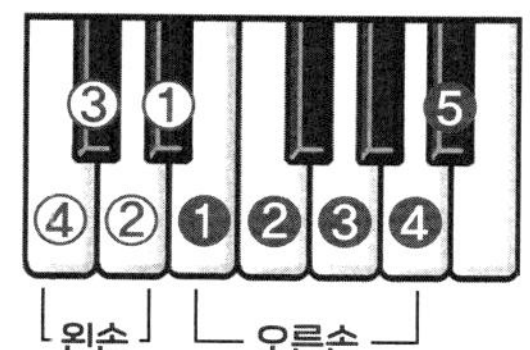

♩ = 140

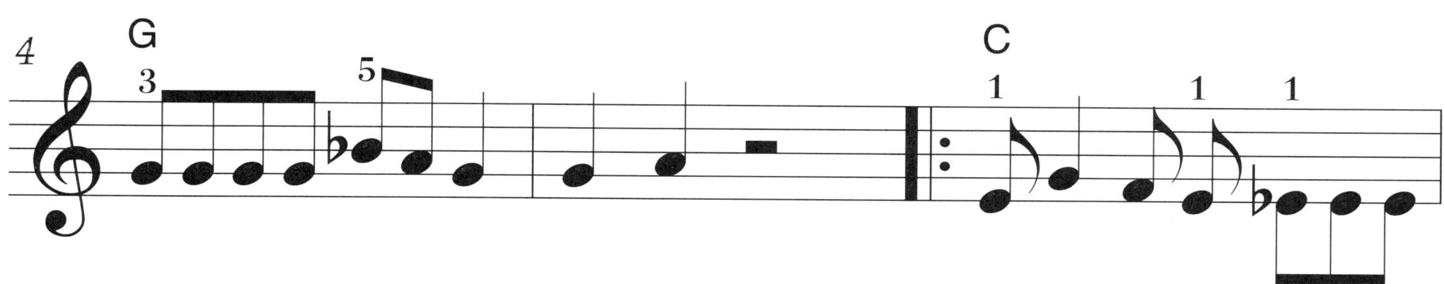

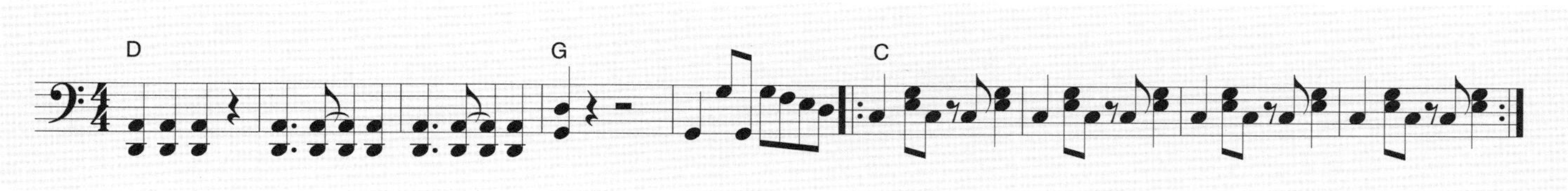

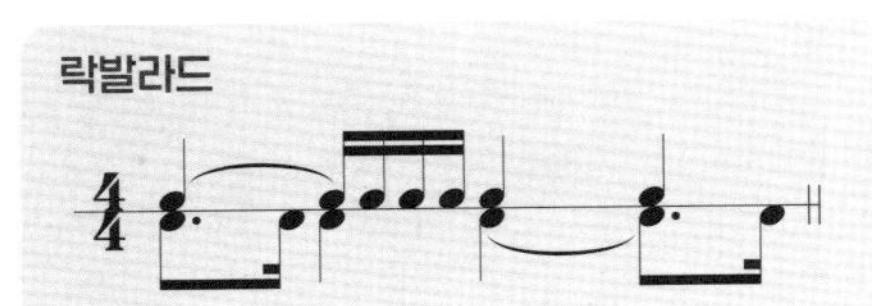

좋은 밤 좋은 꿈

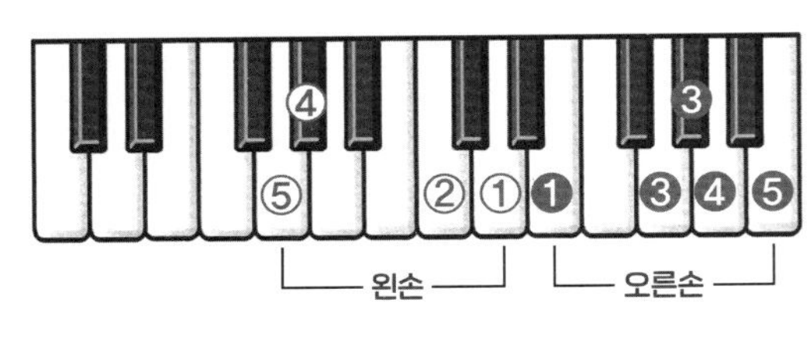

박재현 외 3명 **작사**
박재현 외 3명 **작곡**
너드커넥션(Nerd Connection) **노래**

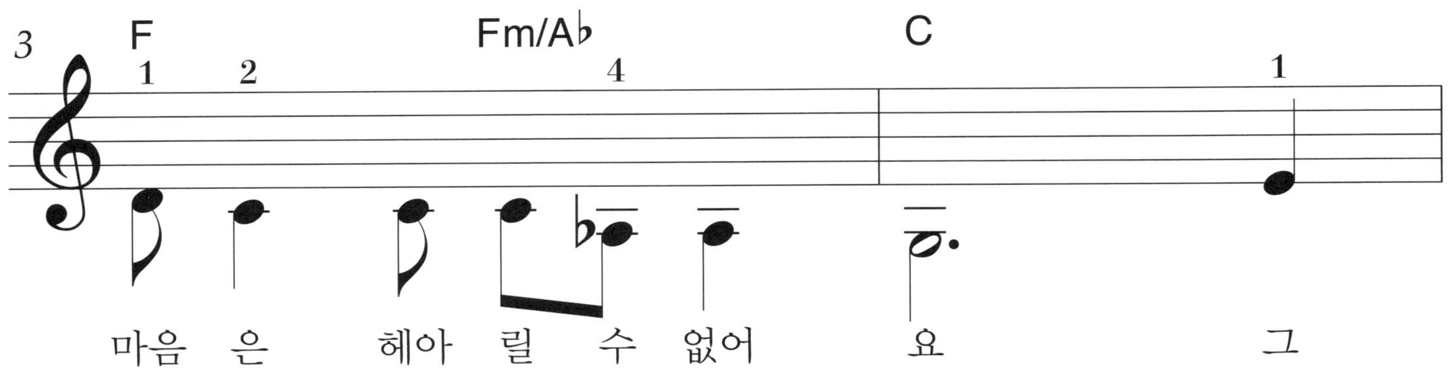

♥ 선생님 반주 ♥

C
E/B
Am7
C/G
대 의 부 서 진 마 음 조 각 들이 차 갑
F
Fm/A♭
C
게 흩 어 져 있 는 탓 에
C
E/B
Am7
C/G
F
Fm/A♭
C

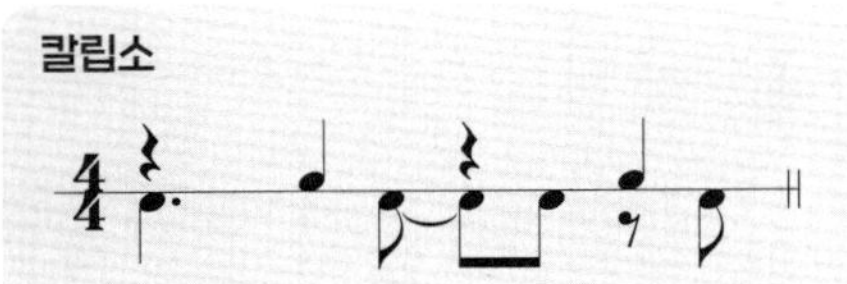

Get A Guitar

방혜현 외 5명 **작사**
Peter Wallevik 외 3명 **작곡**
라이즈(RIIZE) **노래**

♩ = 110

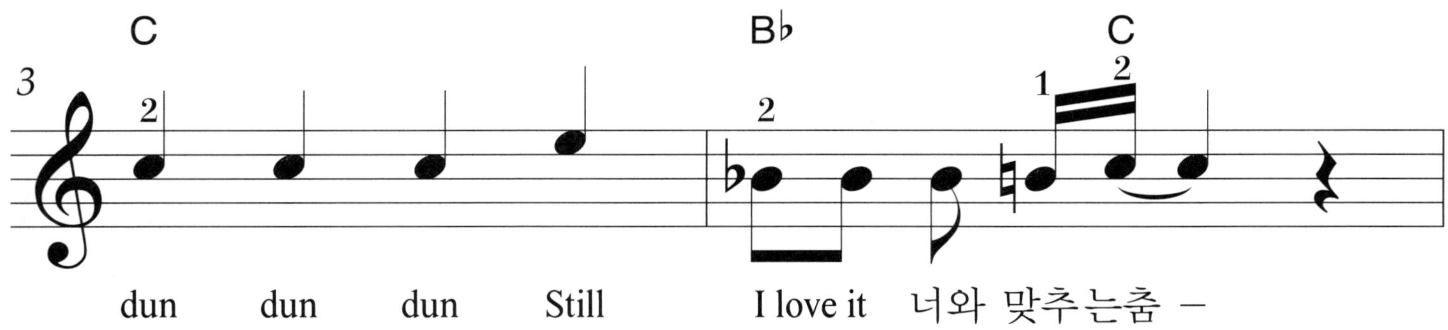

💙 **선생님 반주** 💙

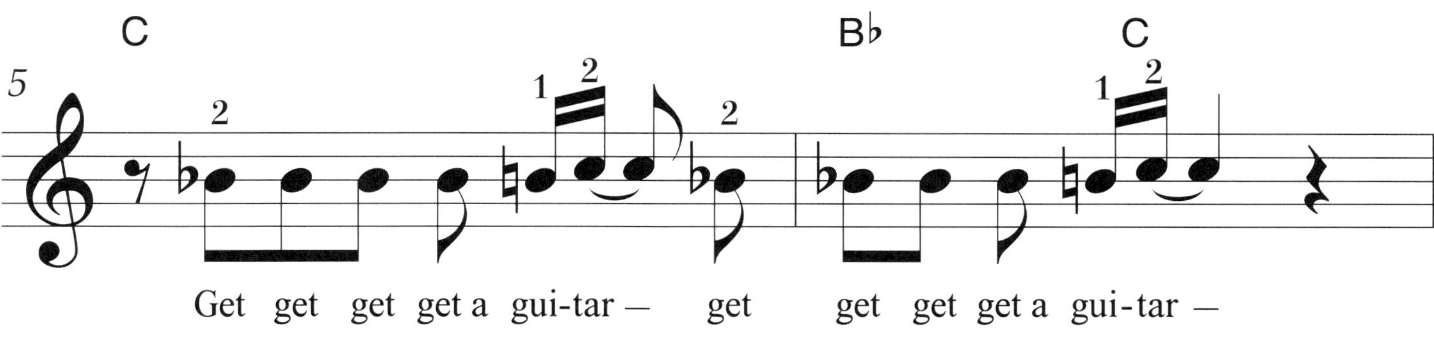

Get get get get a gui-tar — get
get get get a gui-tar —

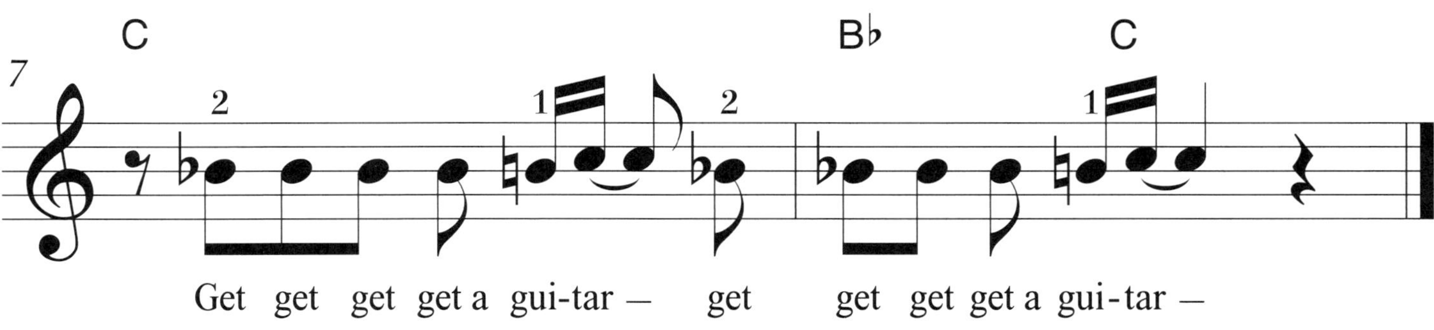

Get get get get a gui-tar — get
get get get a gui-tar —

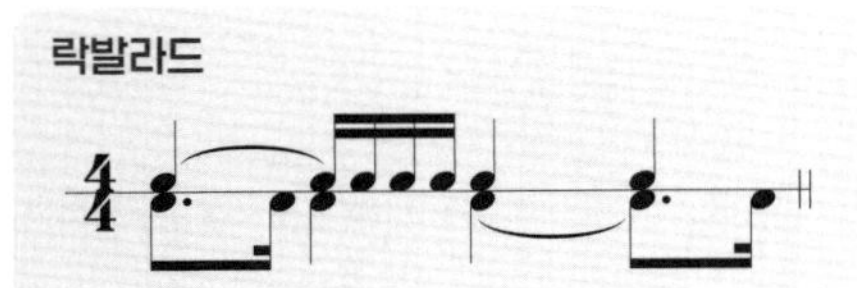

그대만 있다면

(여름날 우리 X 너드커넥션
Nerd Connection)

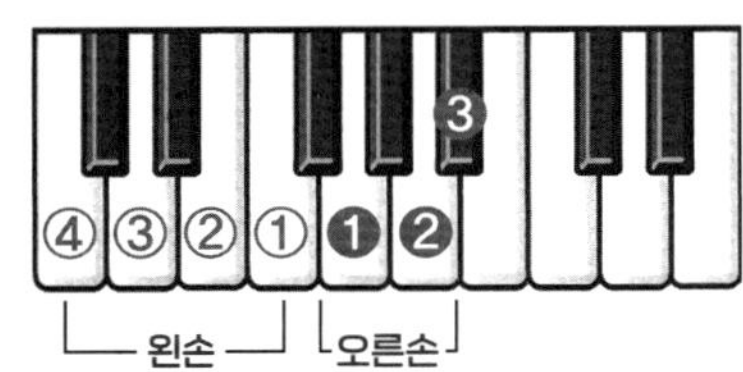

강현민 **작사**
강현민 **작곡**
너드커넥션(Nerd Connection) **노래**

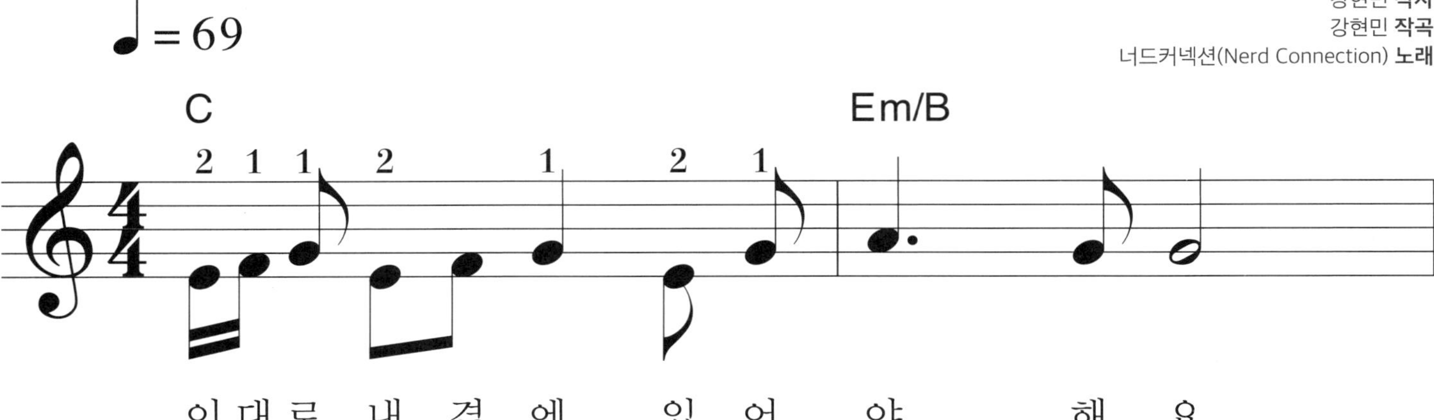

F/C   Fm/C   C   G/B   Am   /G
상 의 모 든 걸 잃 어 도 괜 찮 아 요 그
F   G   C
대 만 있 다 면 그 대 만 있 다 면 —
F/C   Fm/C   C   G/B   Am   /G   F   G   C

MANIAC

♩ = 115

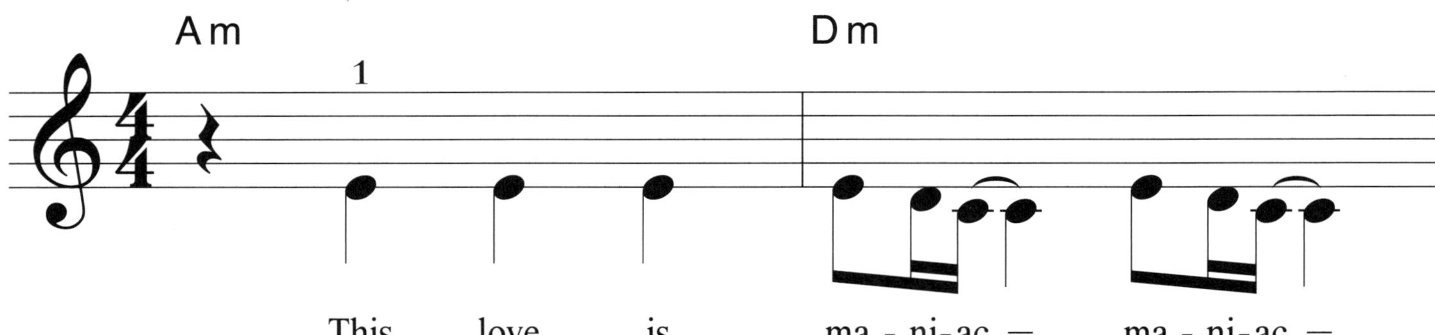

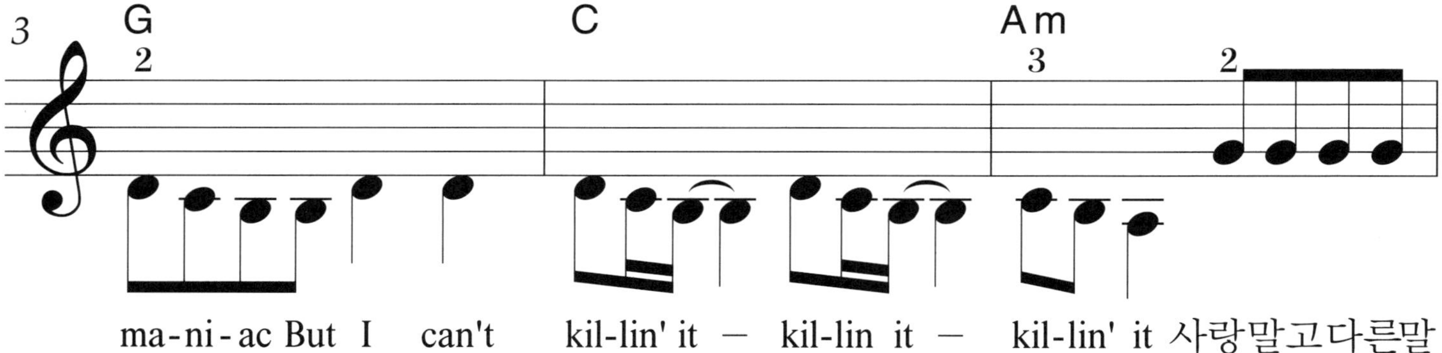

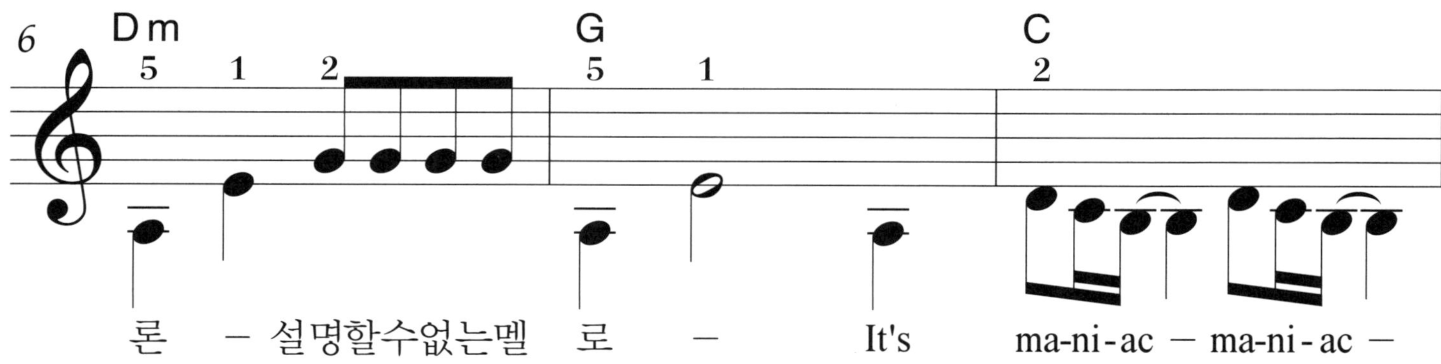

♥ 선생님 반주 ♥

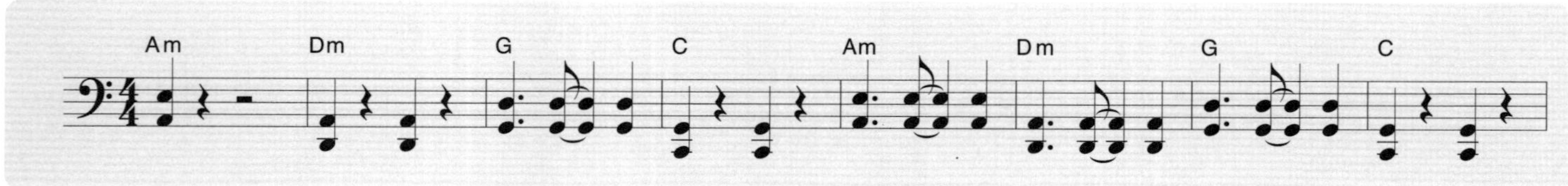

9
Am Dm G
ma - ni - ac
자 극 적 이 끌 림
12
C Am Dm
잔 인 해 진 Or - bit
지 겨 운 Love-
15
G C Am
pho - bic yeah 그래
솔 직하자 넌지금즐긴거 야
Am Dm G C Am Dm G C Am

Drama

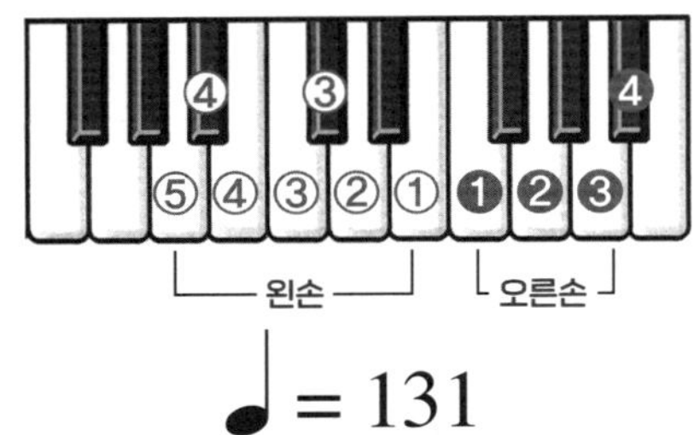

방혜현 외 1명 작사
No Identity 외 3명 작곡
에스파(aespa) 노래

♩ = 131

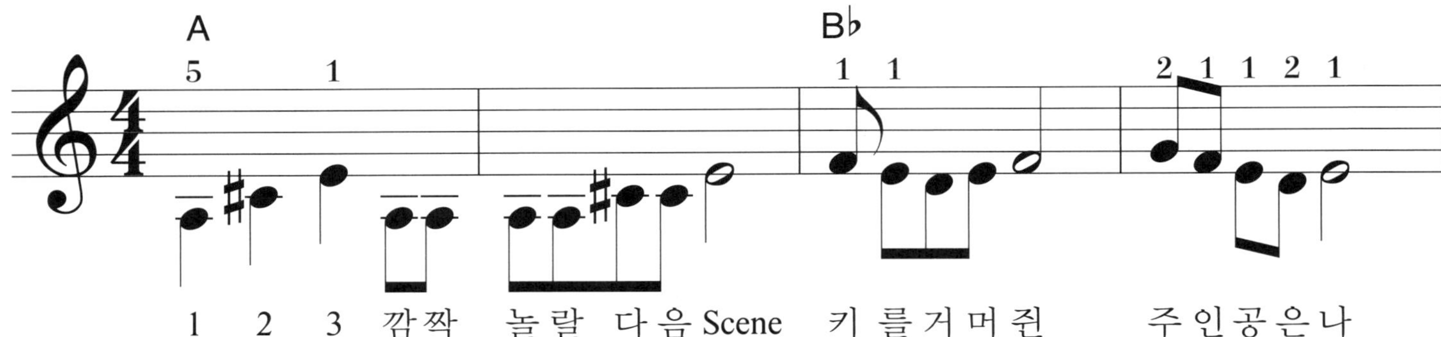

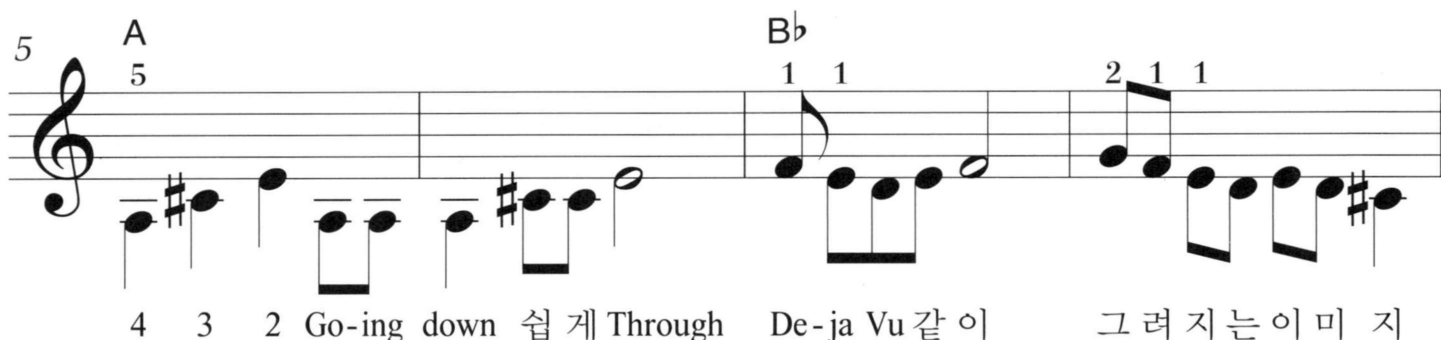

♥ 선생님 반주 ♥

12
B♭   Dm   Am
1   1   3
I'm a stun - ner   1   2   It's time to go   —   타 오 르 는

15
B♭   C   Dm
2   2 1   1 5 3 1 1
날 느 껴 난 And I love it   새 로 워 질 Rules 난 눈 을 떠

18
Am   B♭   Am
3   1   1   2   3
시 작 된 걸 알 아 It's Com - ing

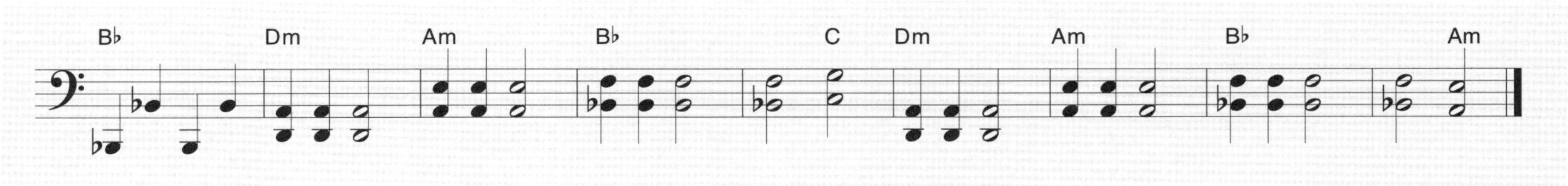

B♭ Dm Am B♭ C Dm Am B♭ Am

Love Lee

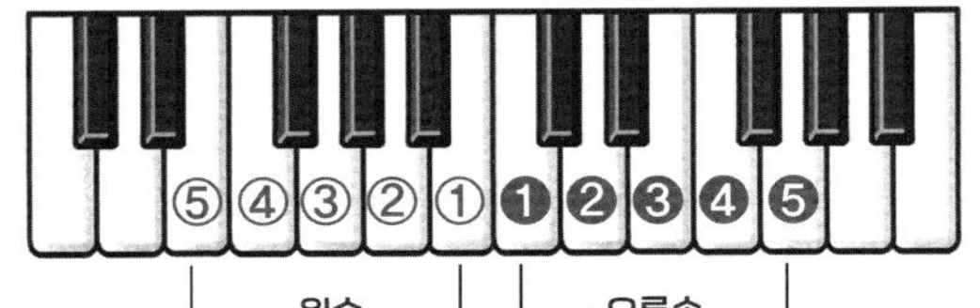

이찬혁 **작사**
이찬혁 외 2명 **작곡**
악뮤(AKMU) **노래**

♩ = 100

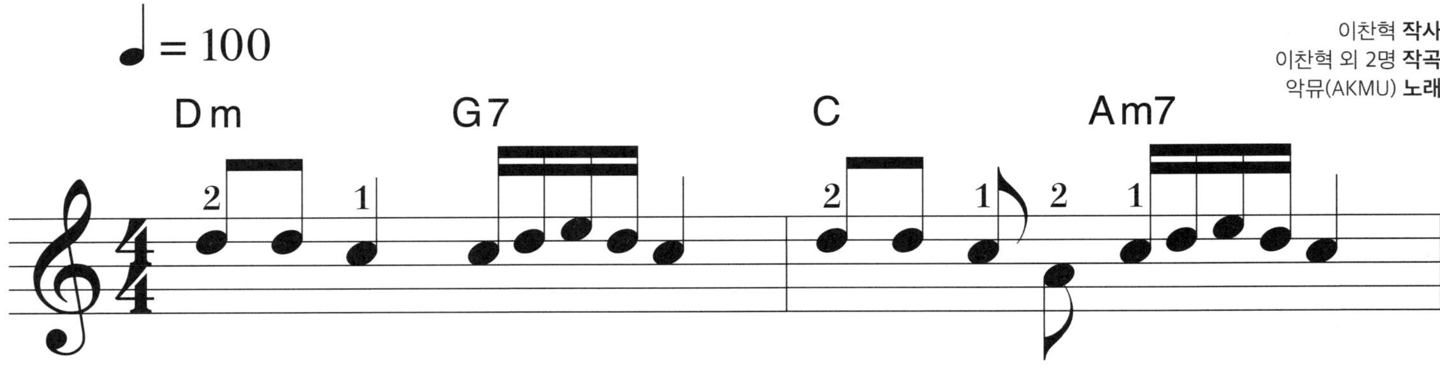

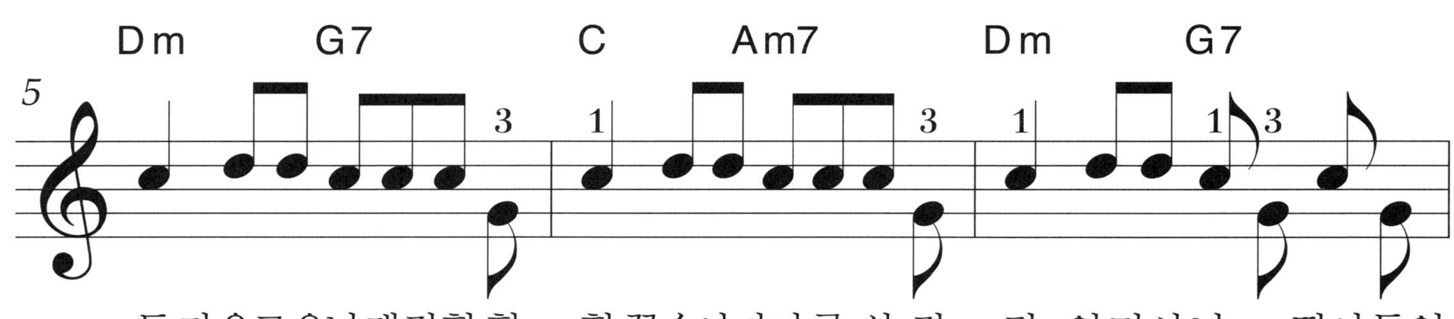

♥ 선생님 반주 ♥

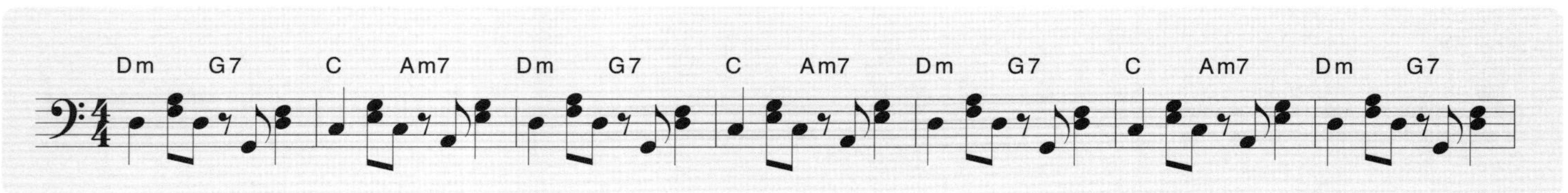

C   Am   Dm   G7
8
1   3   1   3   1   2   1
어 Jump j-j-jump jump jump So   love-ly day so love-ly Err -

C   Am7   Dm   G7   C   Am7
10
5 3 2 5   2 1 1   2
day with you so love-ly   Du du-ru-du du-ru-du du du-ru-du Spell

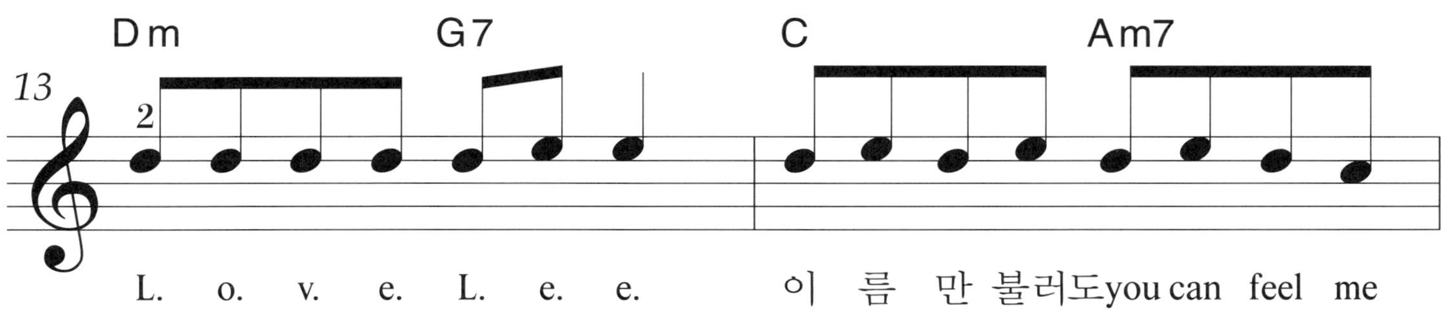

Dm   G7   C   Am7
13
2
L. o. v. e. L. e. e.   이 름 만 불러도you can feel me

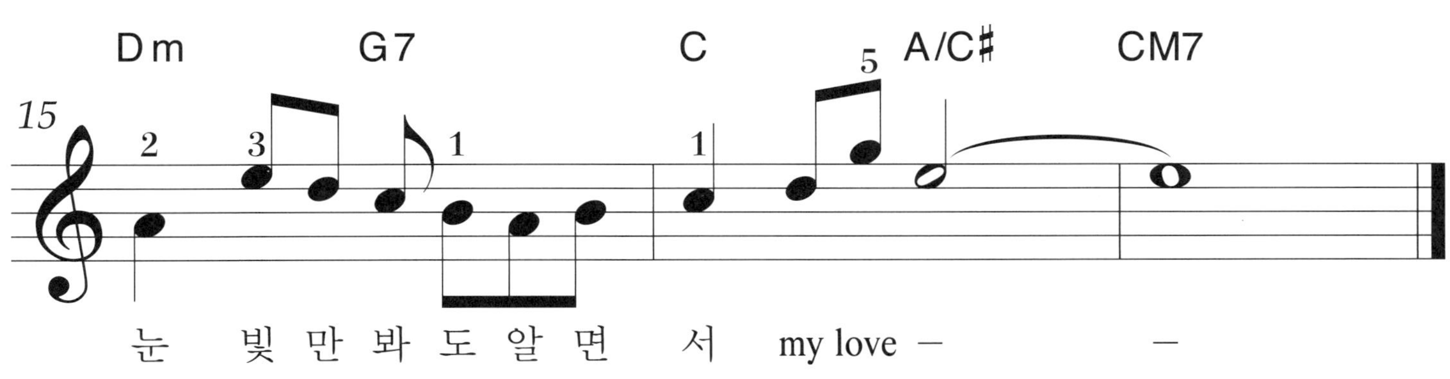

Dm   G7   C   5 A/C#   CM7
15
2   3   1   1
눈 빛 만 봐 도 알 면 서 my love —   —

C Am7 Dm G7 C Am7 Dm G7 C Am7 Dm G7 C Am7 Dm G7 C A/C# CM7

Joy's
EASY TO PLAY
K*POP
FOR
PIANO
SEASON
9

혼자 연주

EASY

Supreme Boi, SCORE, Megatone 외 7명 **작사**
Supreme Boi, SCORE, Megatone 외 7명 **작곡**
LE SSERAFIM (르세라핌) **노래**

♩=165

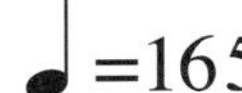

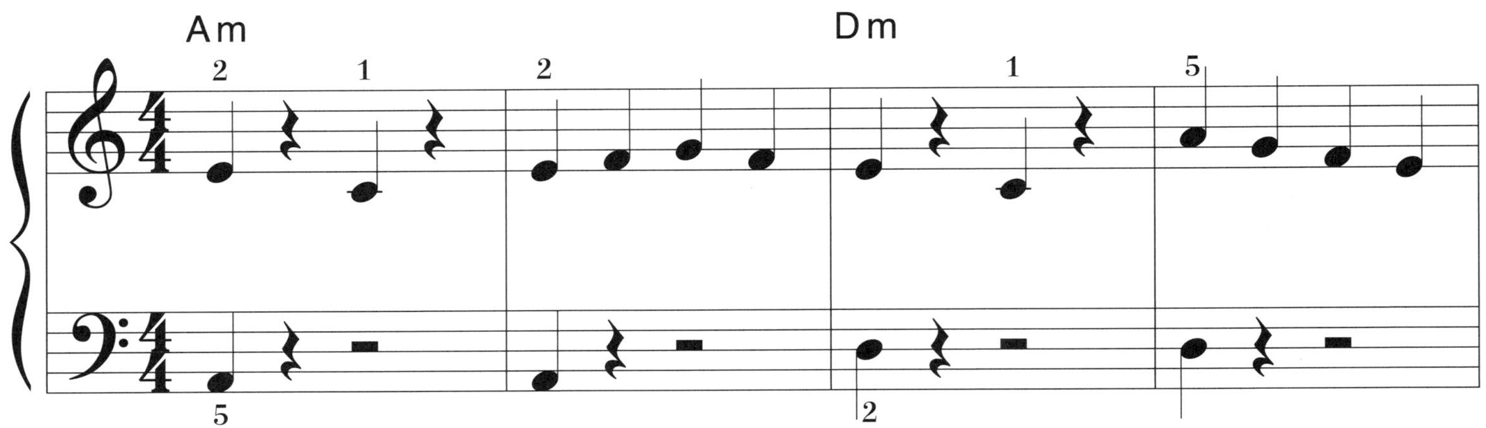

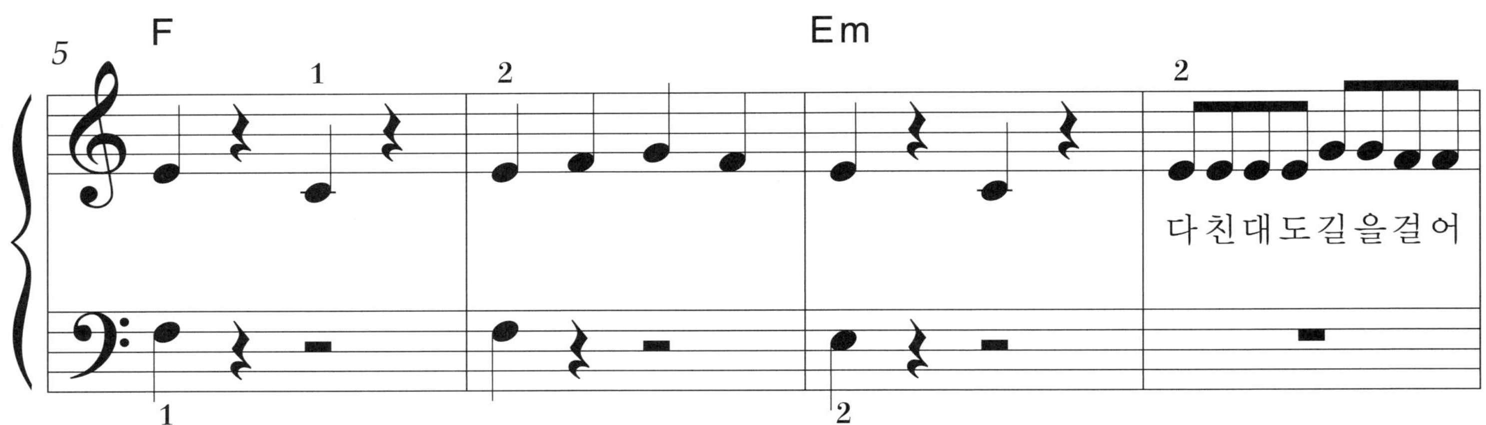

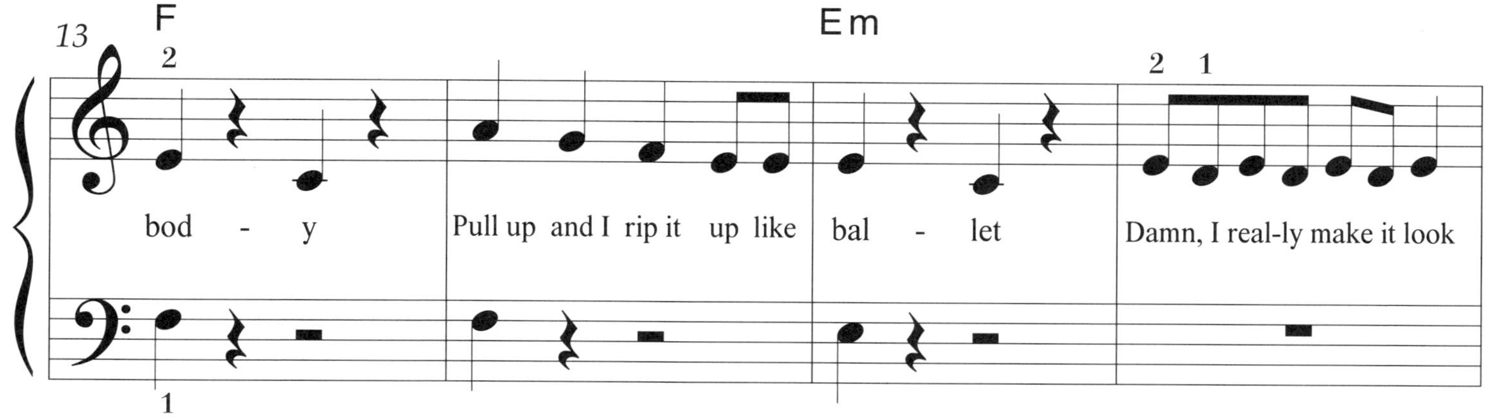

13
F
Em
2
2   1
bod - y
Pull up and I rip it up like   bal - let
Damn, I real-ly make it look

17
Am
Dm
2   1
eas - y

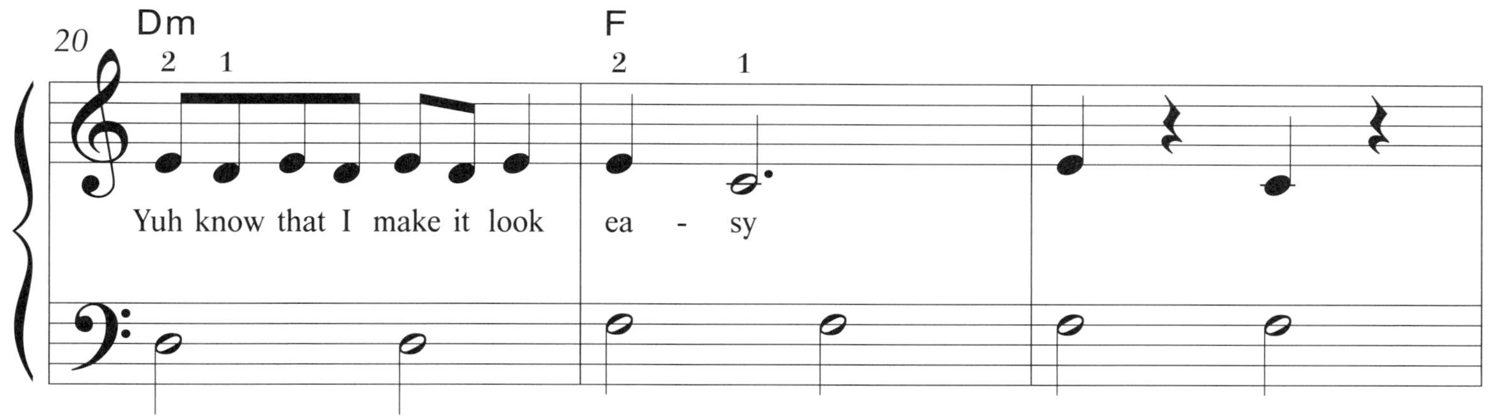

20
Dm
F
2   1
2   1
Yuh know that I make it look
ea - sy

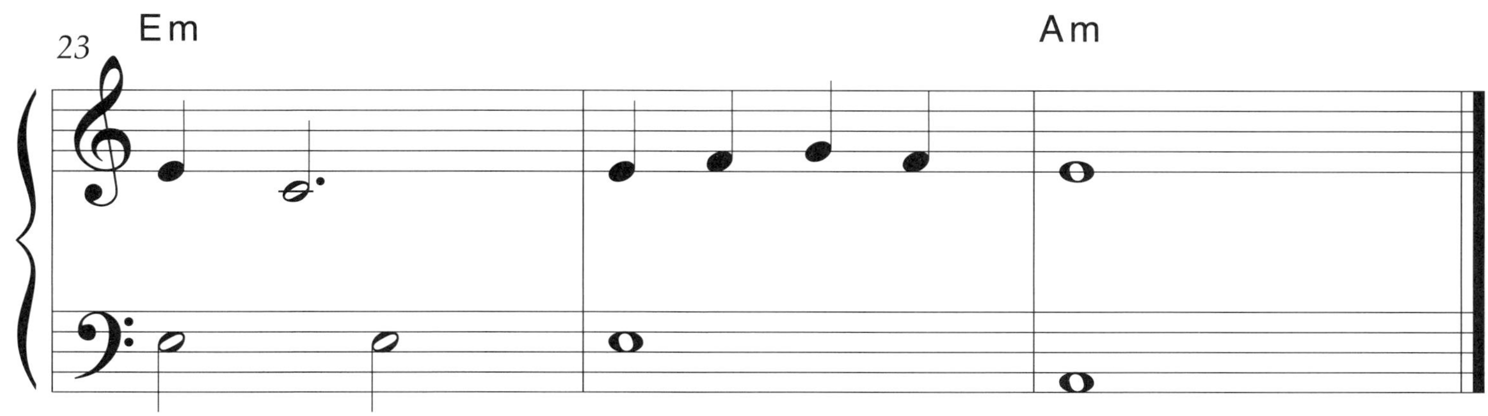

23
Em
Am

Impossible

황유빈 외 3명 **작사**
Whitemore Dewain Nevins Jr 외 2명 **작곡**
라이즈(RIIZE) **노래**

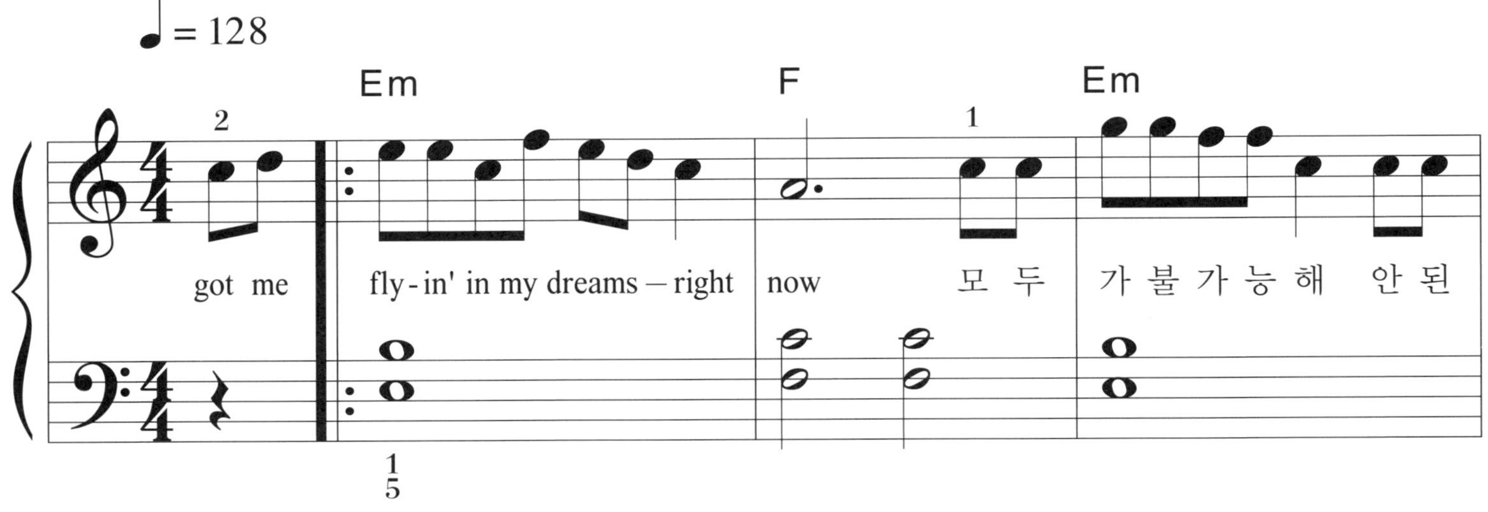

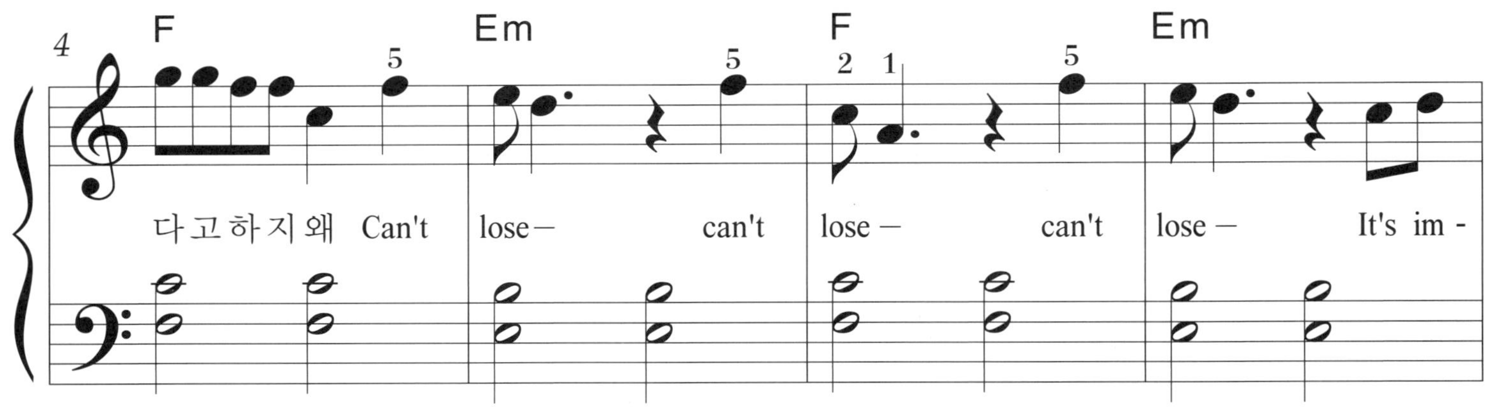

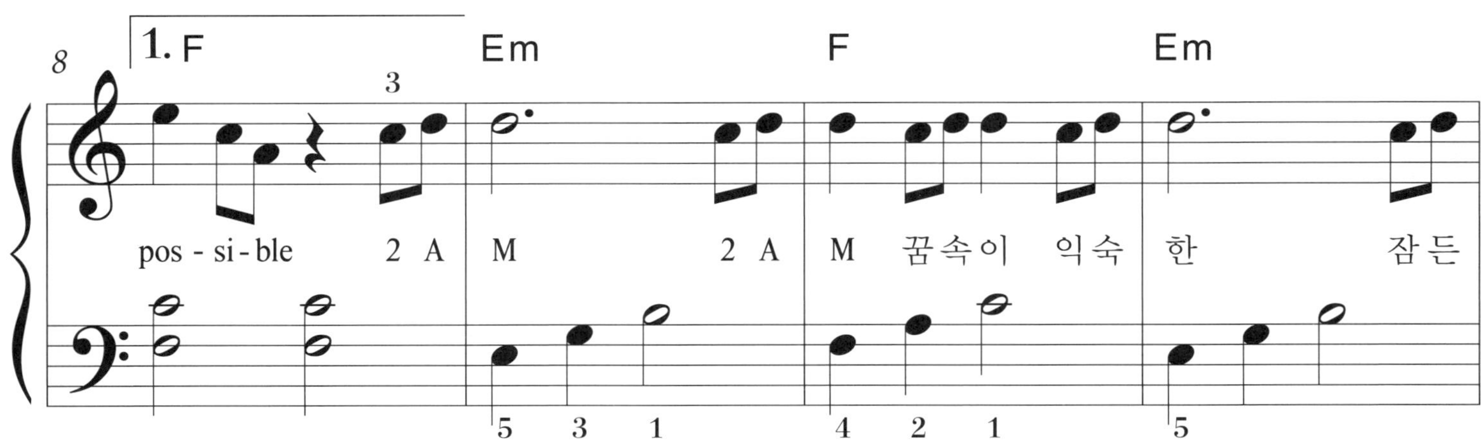

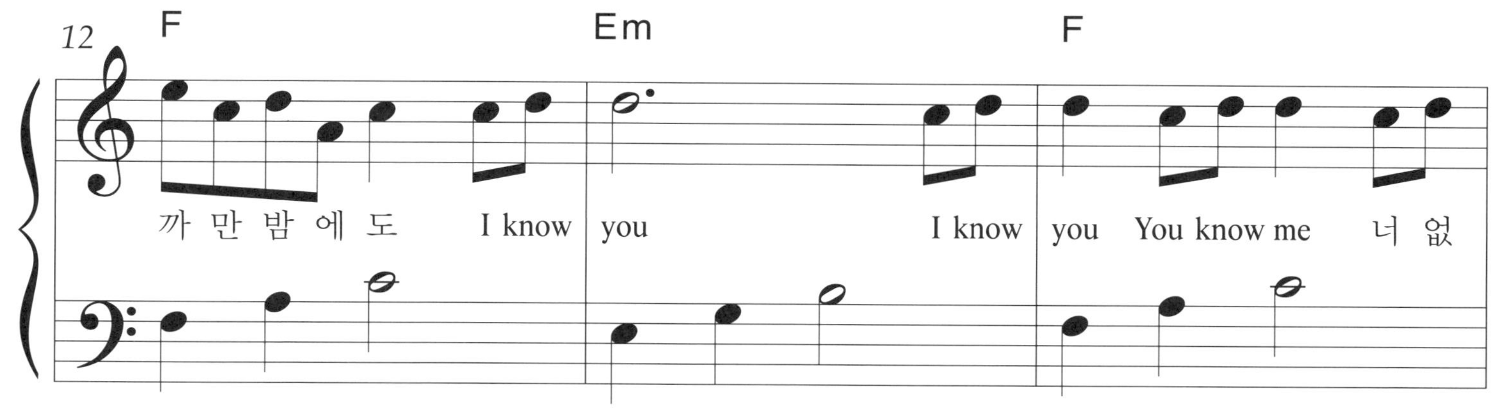

F
Em
F
까 만 밤 에 도 I know you I know you You know me 너 없

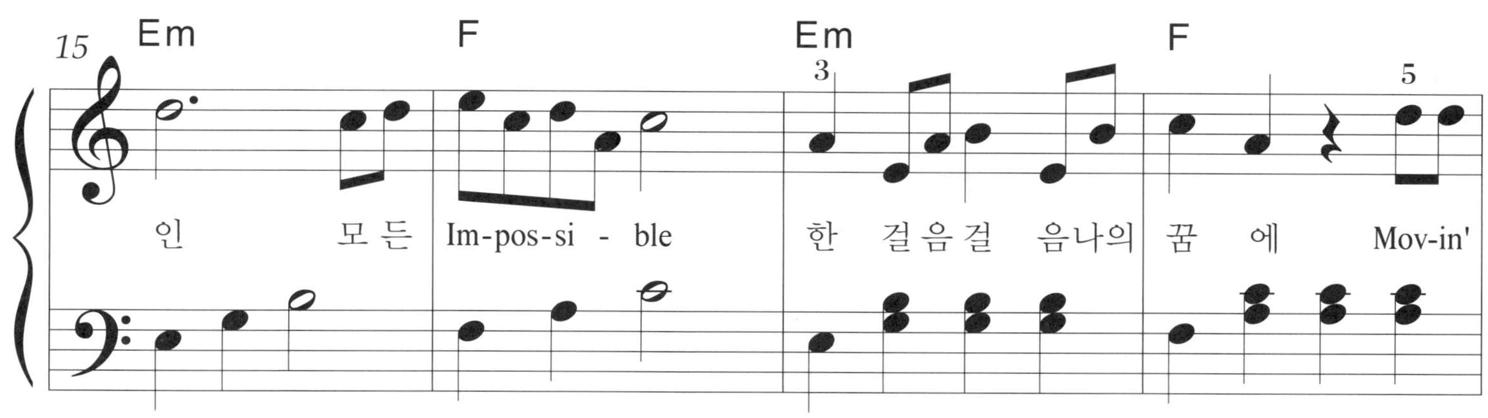

Em
F
Em
F
인 모 든 Im-pos-si - ble 한 걸음걸 음나의 꿈 에 Mov-in'

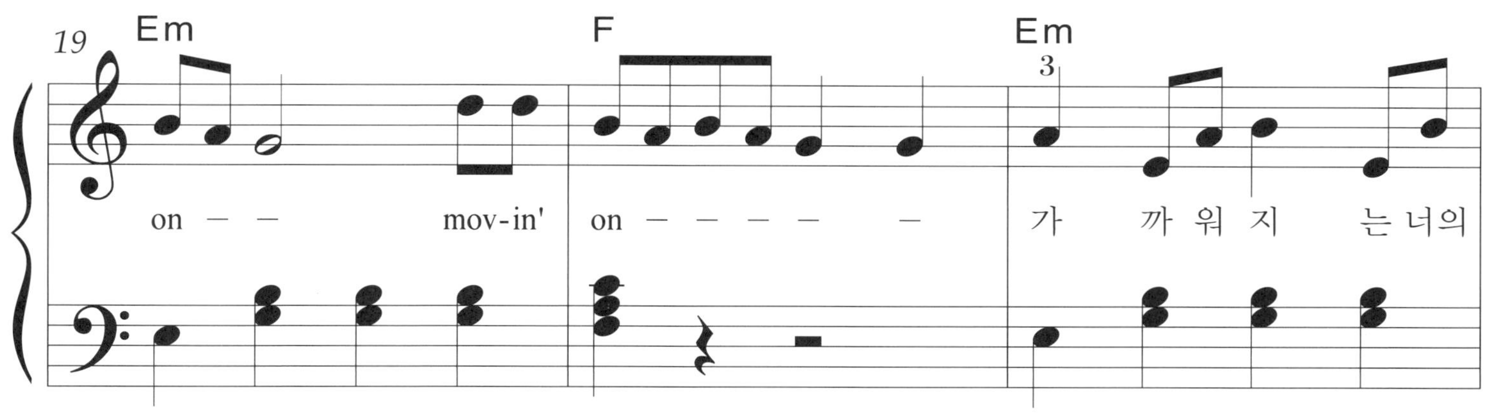

Em
F
Em
on — — mov-in' on — — — — — — 가 까 워 지 는 너의

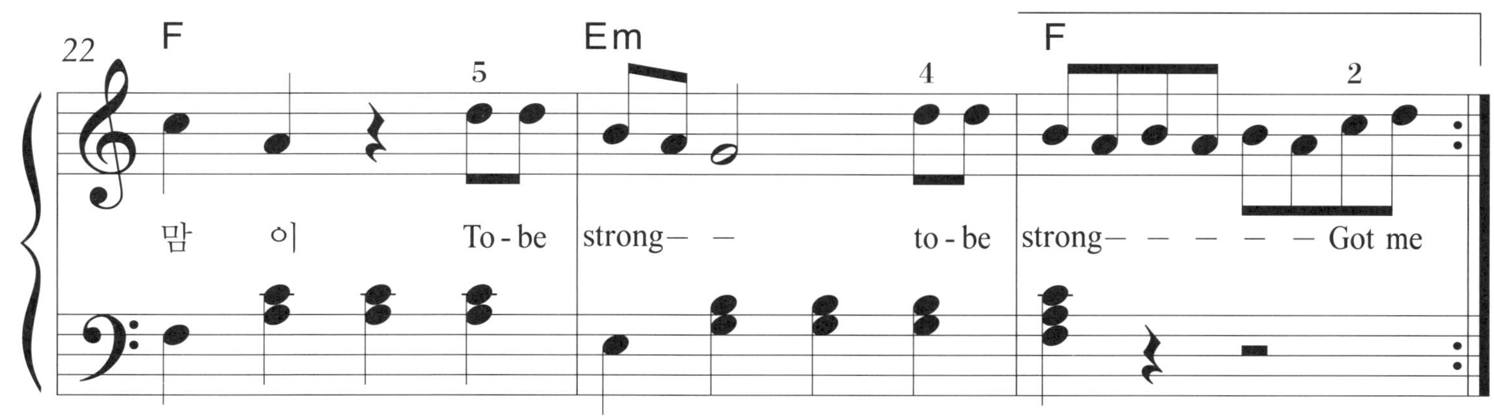

F
Em
F
맘 이 To - be strong— — to - be strong— — — — — Got me

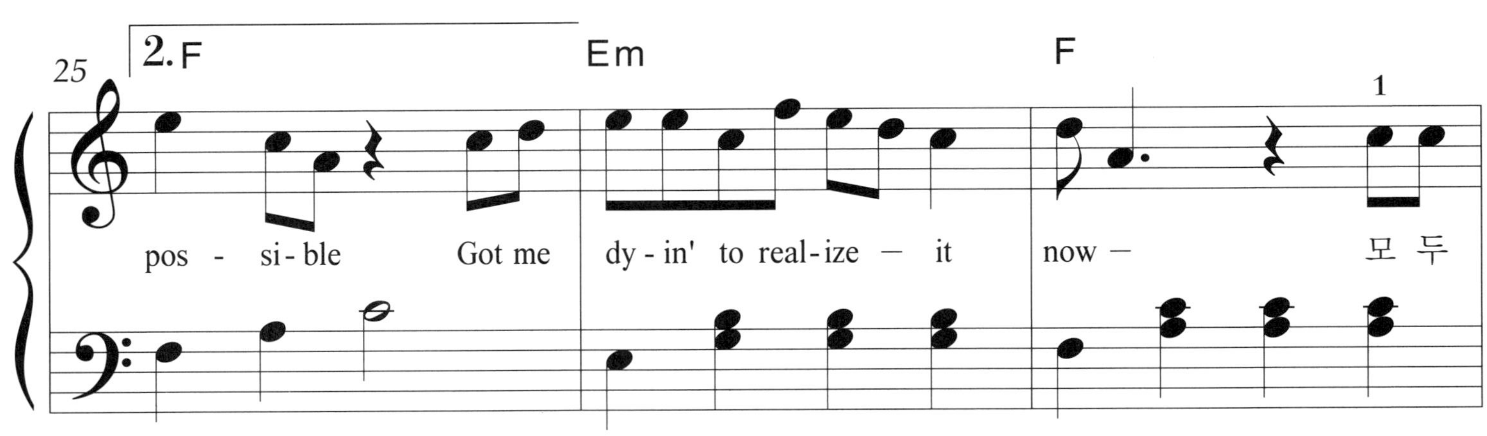

2.F
Em
F
1
pos - si - ble   Got me   dy - in' to real - ize — it   now —   모 두

Em
F
Em
5
너 로 가 능 해   넌 날   완 성 하 게 해 With-out   you —   without

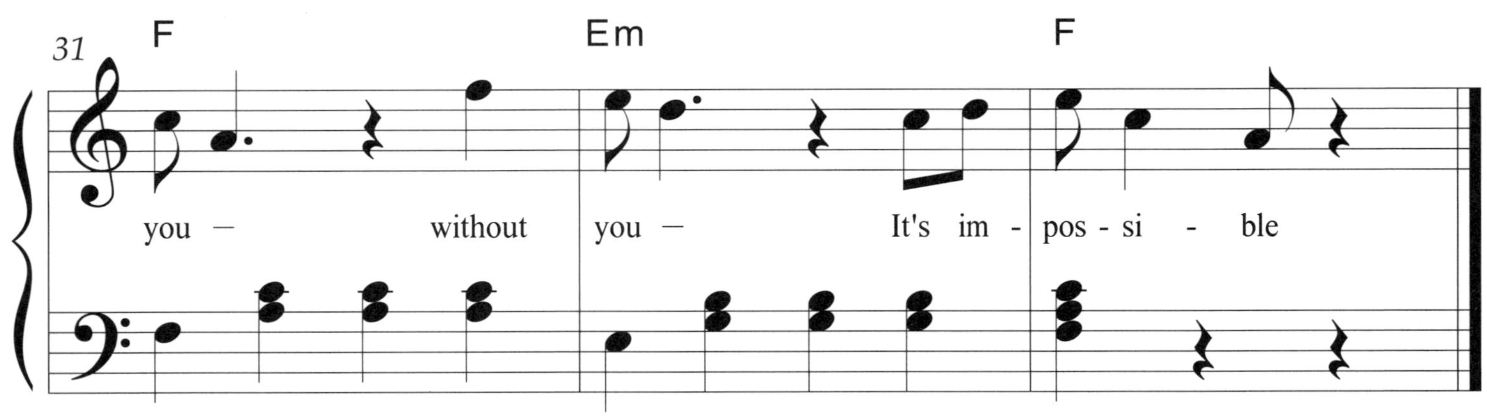

F
Em
F
you —   without   you —   It's im - pos - si - ble

고민중독

이동혁 외 4명 **작사**
이동혁 외 4명 **작곡**
큐더블유이알(QWER) **노래**

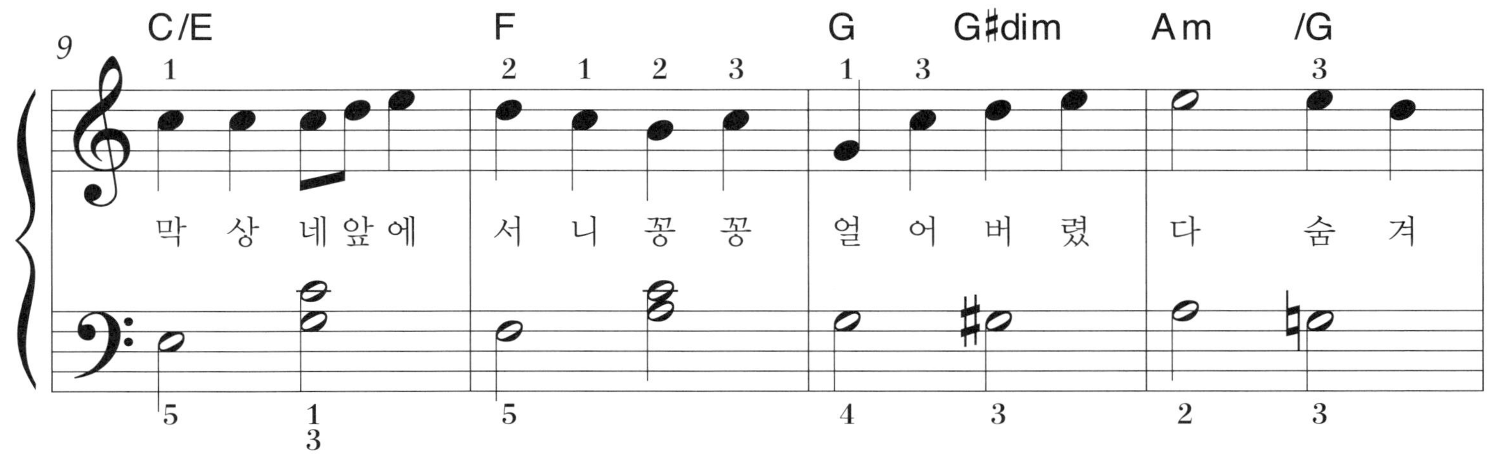

F
G#dim
Am
Gm
C
왔 던 나 의 맘 절 반 의 반 도 주 지 를 못 했 어

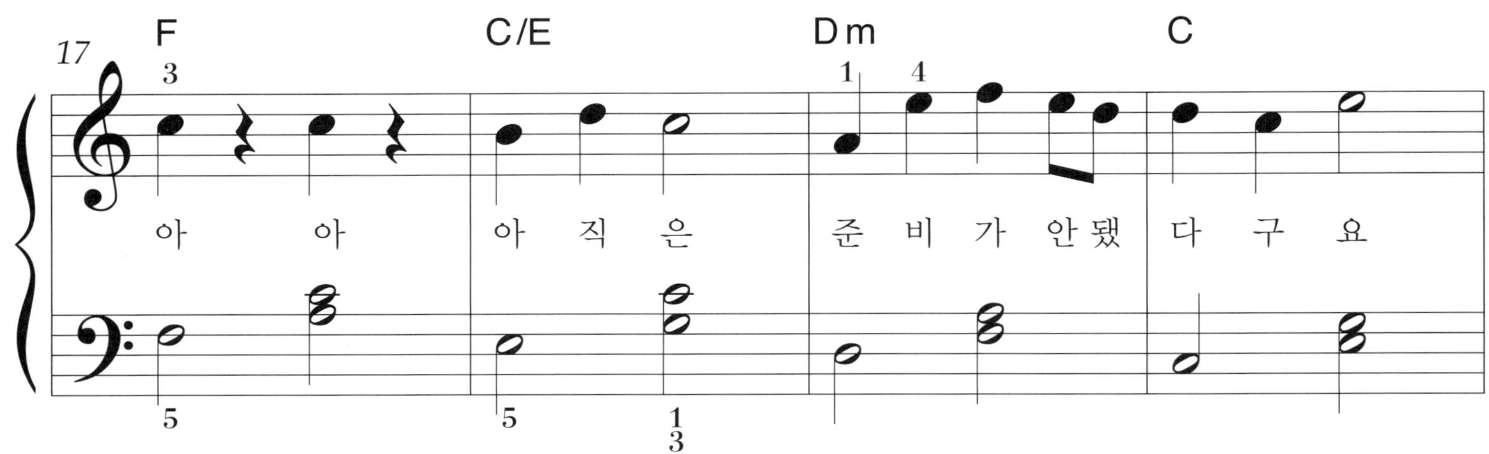

F
C/E
Dm
C
아 아 아 직 은 준 비 가 안 됐 다 구 요

F
Gsus4
G
소 용 돌 이 쳐 어 지 럽 다 구 쏟 아

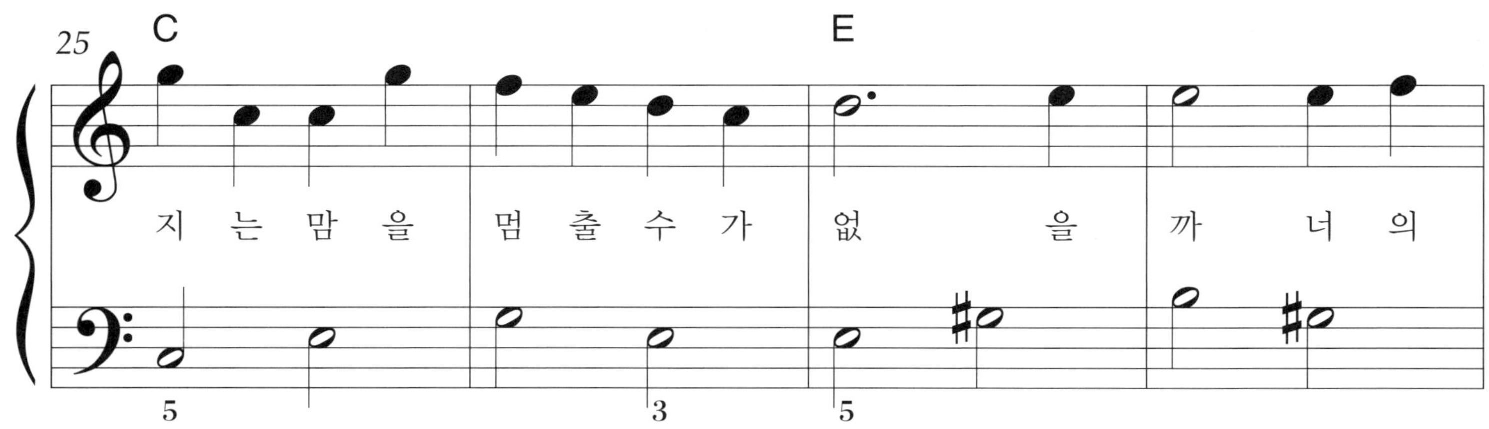

C
E
지 는 맘 을 멈 출 수 가 없 을 까 너 의

29
Am   Gm   C
작 은 인 사   한 마 디 에   요 란   해 져 서 —

33
F   G   Em
네 맘 의 비   밀 번 호 눌   러 열 고 싶 지

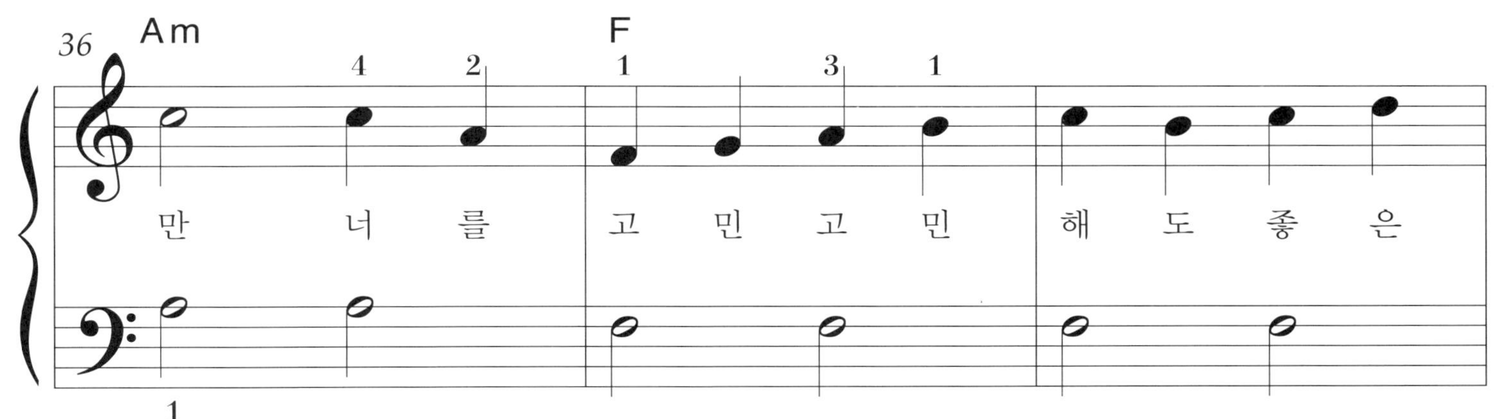

36
Am   F
만 너 를   고 민 고 민   해 도 좋 은

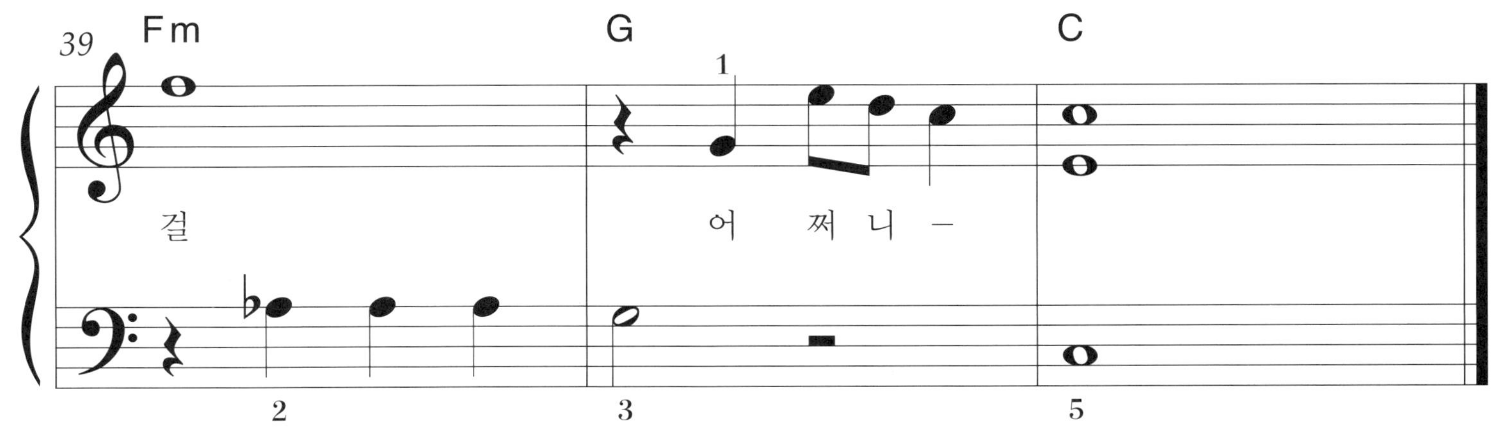

39
Fm   G   C
걸   어 쩌 니 —

Midas Touch

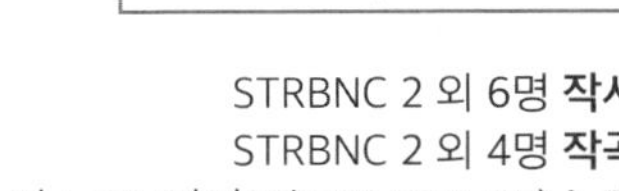

STRBNC 2 외 6명 작사
STRBNC 2 외 4명 작곡
키스오브라이프(KISS OF LIFE) 노래

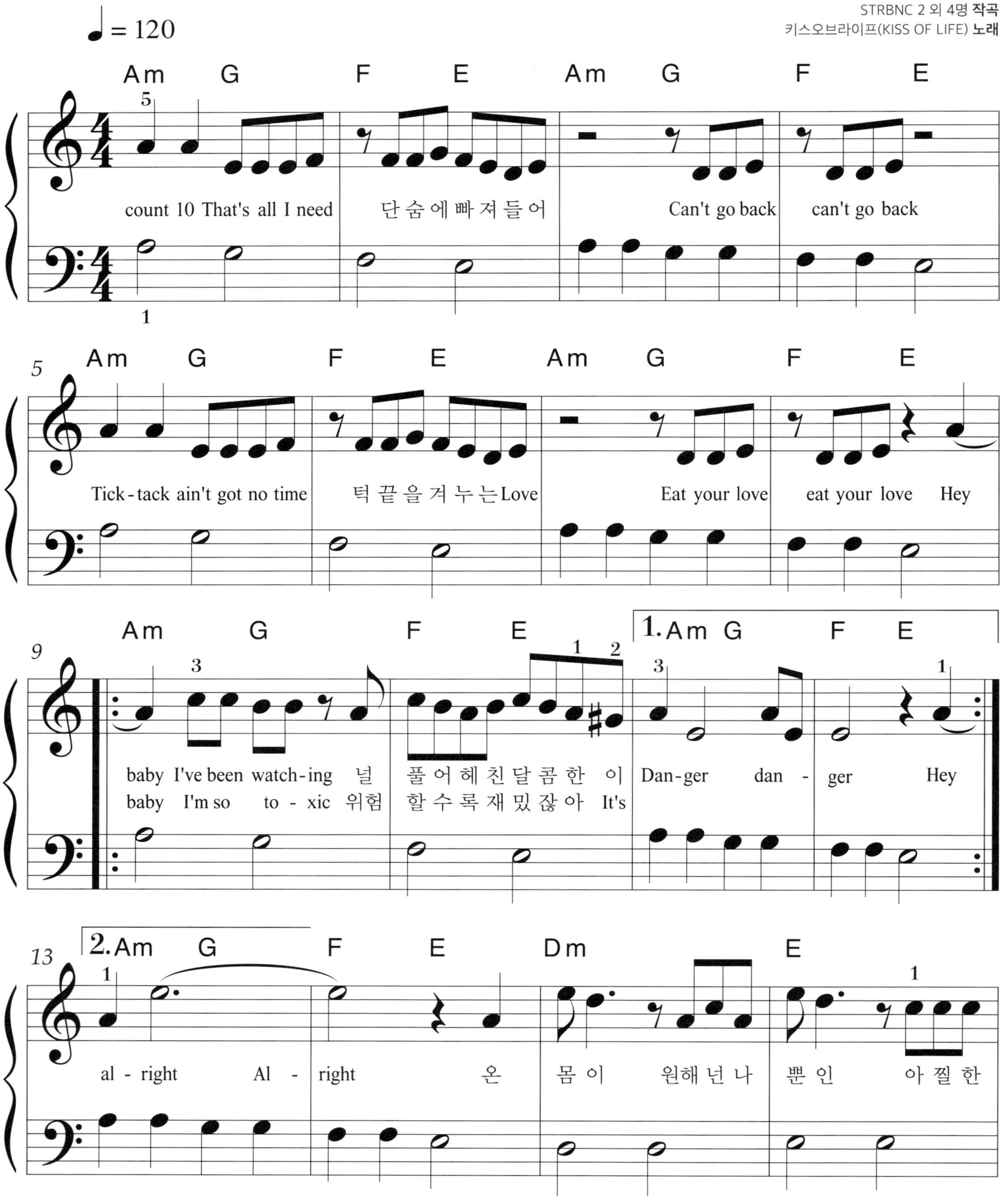

Am   D   F   E
Love sick 밤 — 새 날   앓 게 돼 I warned you —   with a sin - gle — touch — boy 도

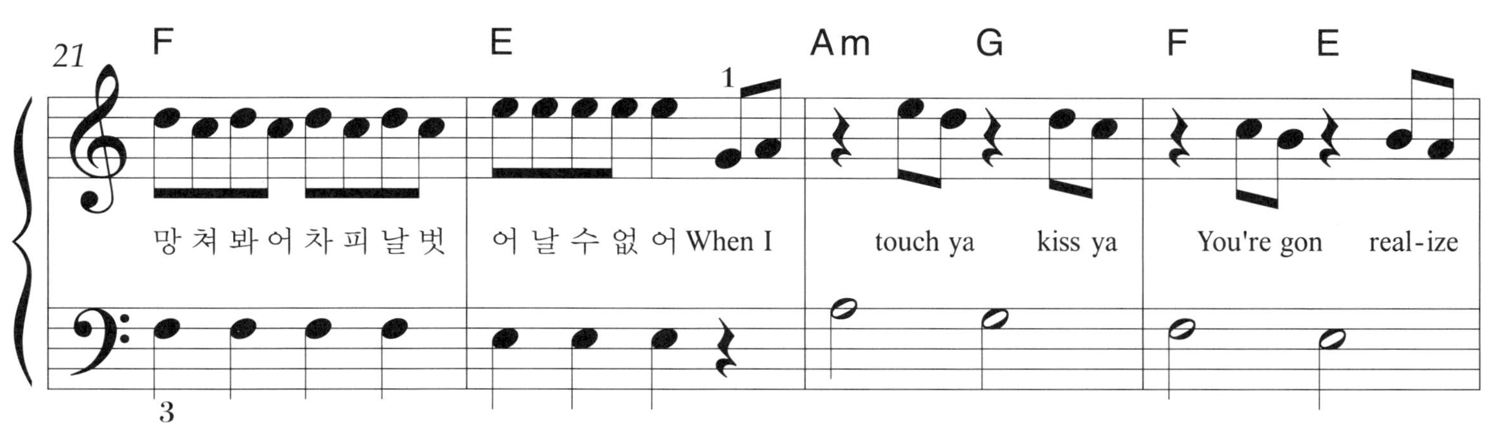
F   E   Am   G   F   E
망 쳐 봐 어 차 피 날 벗   어 날 수 없 어 When I   touch ya   kiss ya   You're gon real-ize

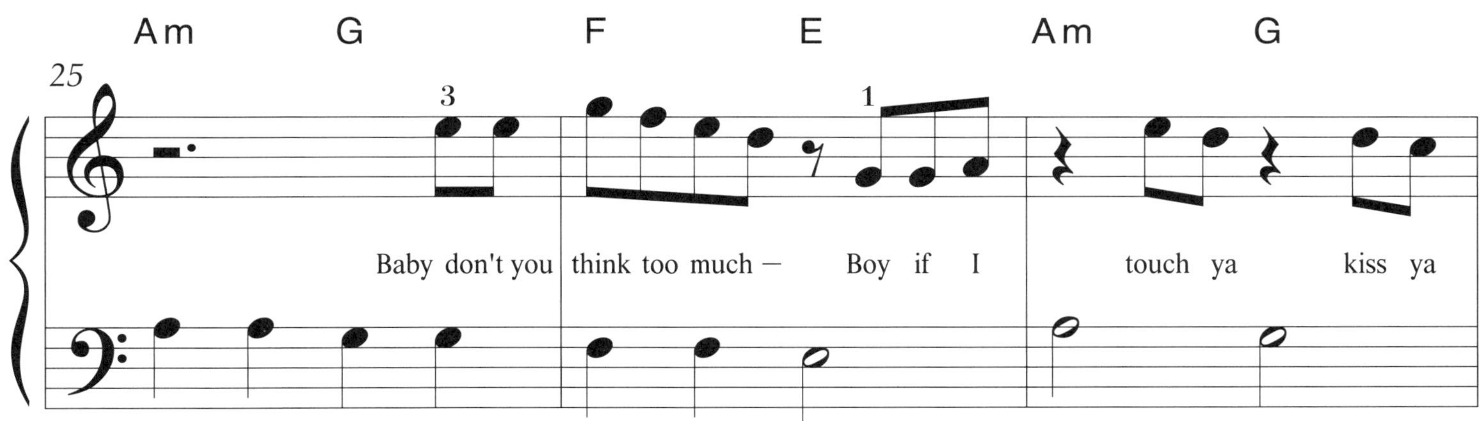
Am   G   F   E   Am   G
Baby don't you think too much —   Boy if I   touch ya   kiss ya

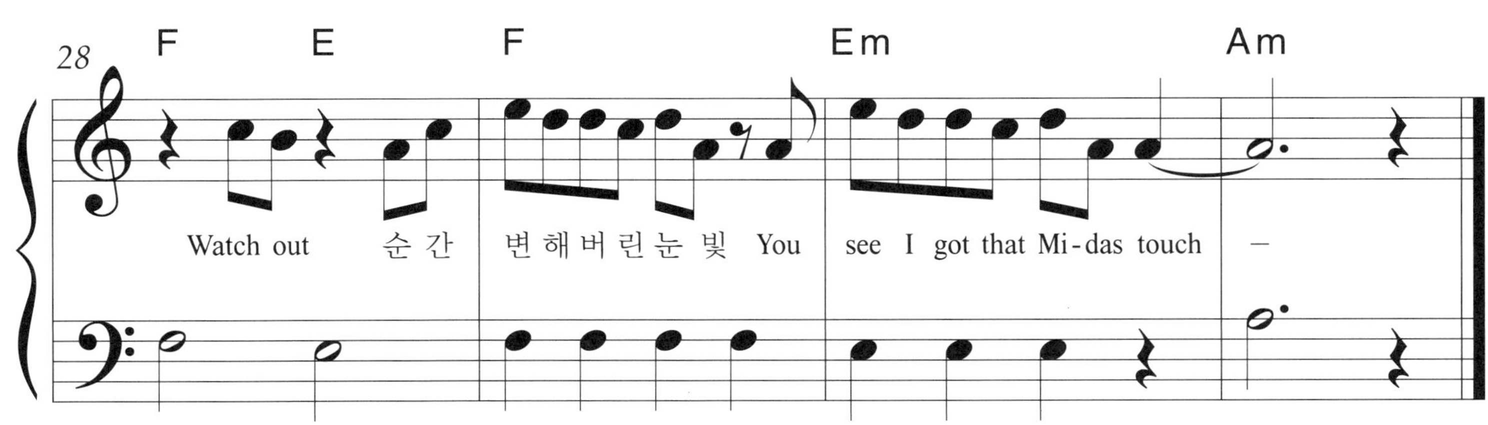
F   E   F   Em   Am
Watch out   순 간 변 해 버 린 눈 빛 You see I got that Mi - das touch —

해야
(HEYA)

이스란 외 2명 **작사**
Ryan S. Jhun 외 5명 **작곡**
아이브(IVE) **노래**

Am
E
다
해 야 해 야 해 야 한 입
Am
에널 삼킬 때 야 탐이 탐이 나 해 야 해 야 해 야 이미
Am
내가이긴패야널보면탐이탐이나 해 야 해 야 해 야 뜨겁게 떠오르는해 야 별 안 간
Dm
E
Am
홀 린 그 순간 – Bite – – – – Da da da dun dun dun

SHEESH

최현석 외 6명 **작사**
최현석 외 5명 **작곡**
베이비몬스터(BABYMONSTER) **노래**

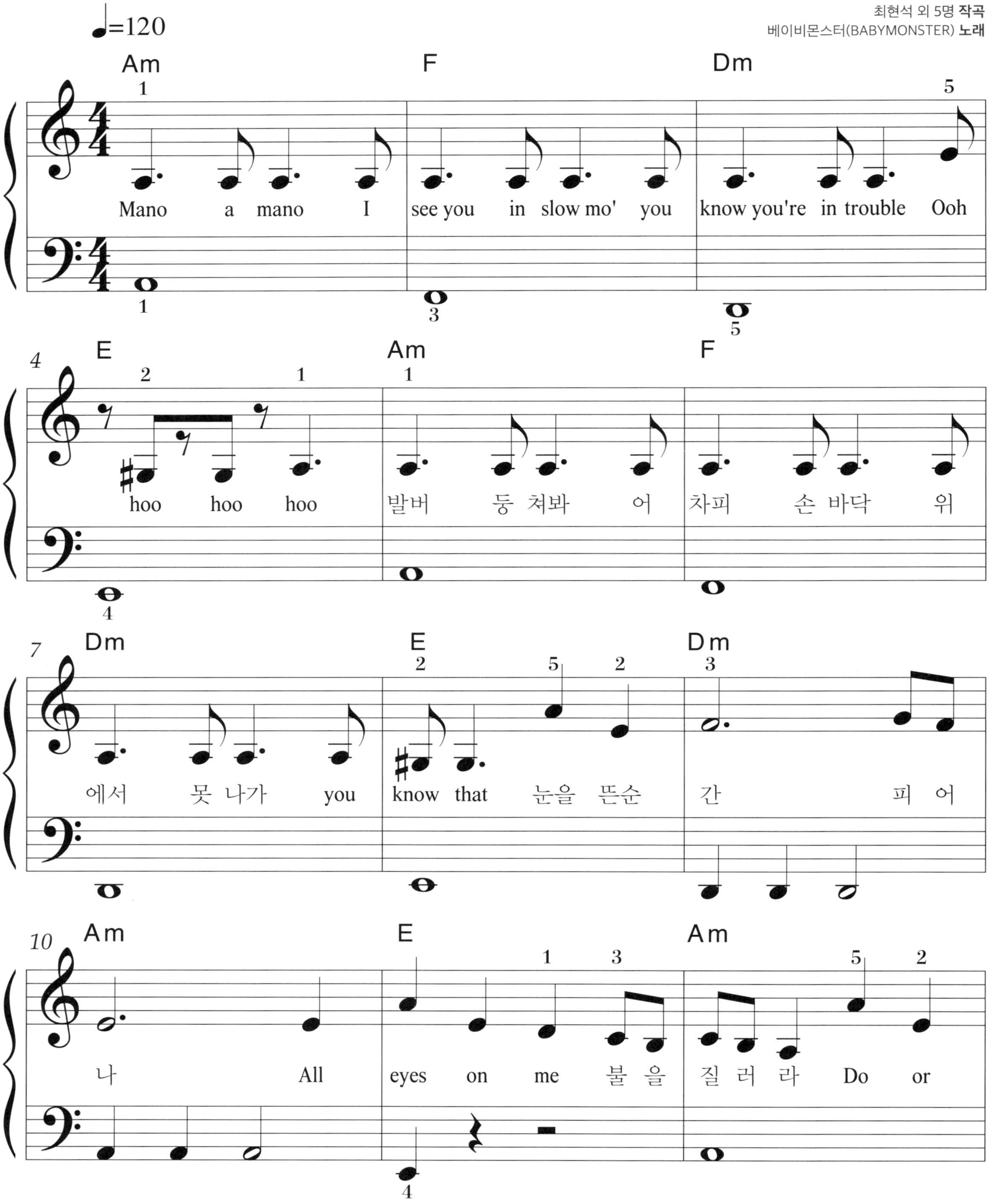

♩=120

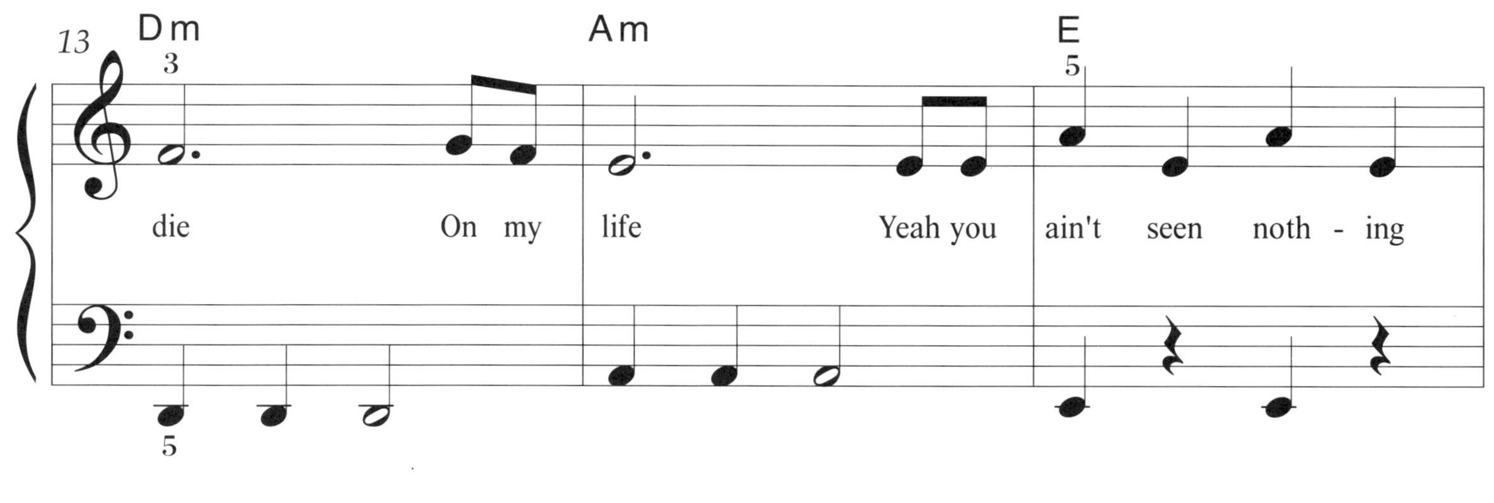

13
Dm
Am
E
die   On my   life   Yeah you   ain't   seen   noth - ing

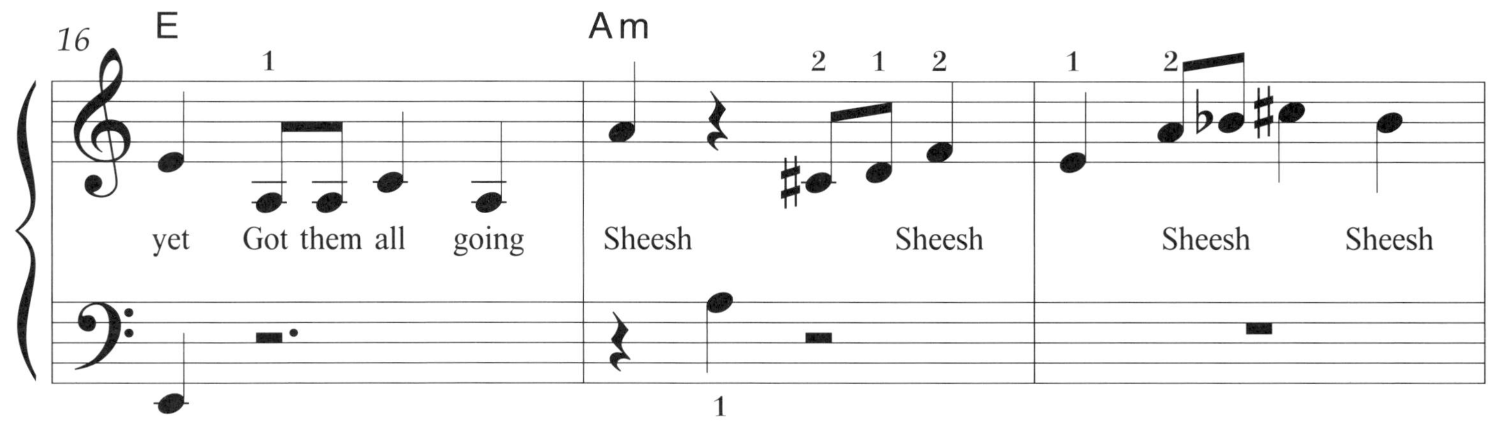

16
E
Am
yet   Got them all   going   Sheesh   Sheesh   Sheesh   Sheesh

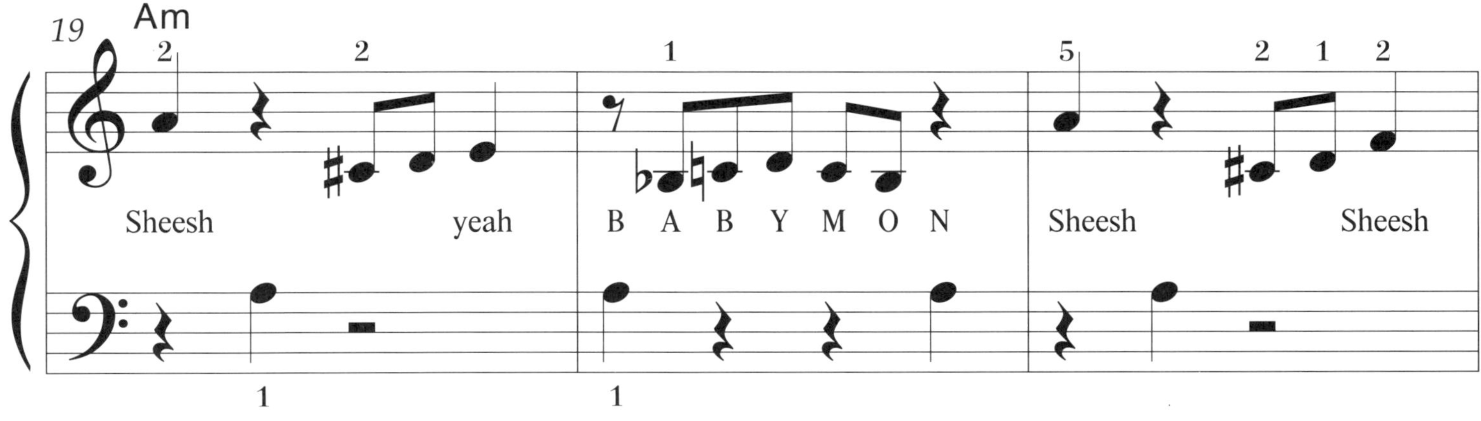

19
Am
Sheesh   yeah   B A B Y M O N   Sheesh   Sheesh

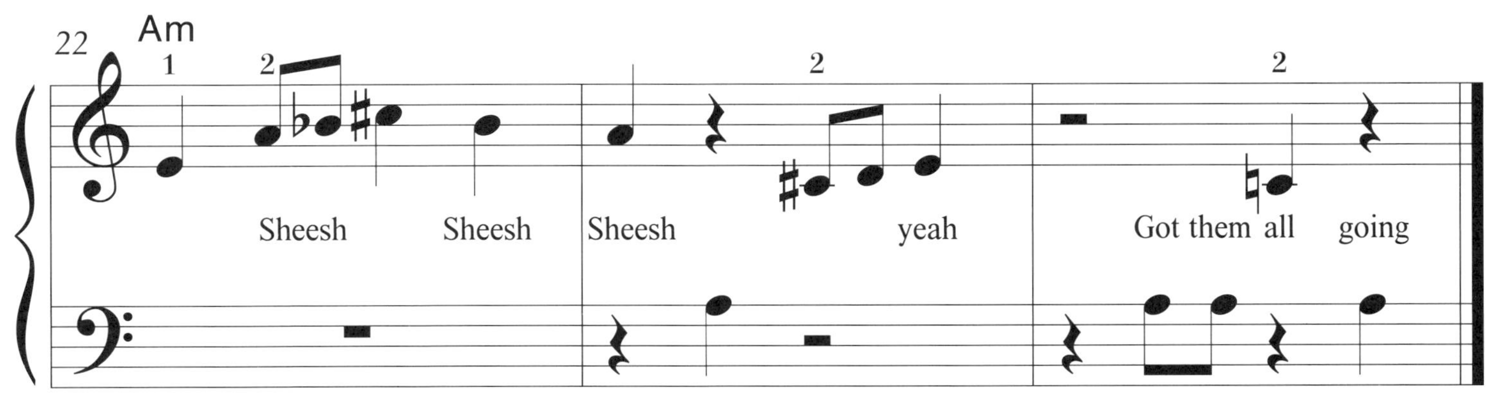

22
Am
Sheesh   Sheesh   Sheesh   yeah   Got them all   going

SPOT!
(Feat. JENNIE)

지코 외 2명 **작사**
지코 외 2명 **작곡**
지코(ZICO) **노래**

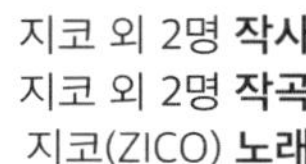

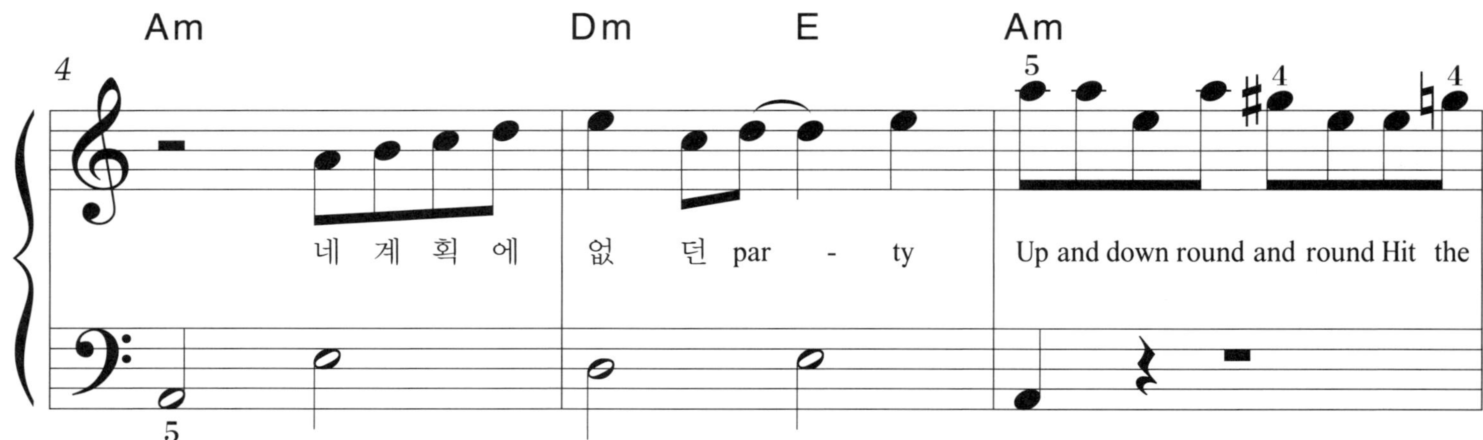

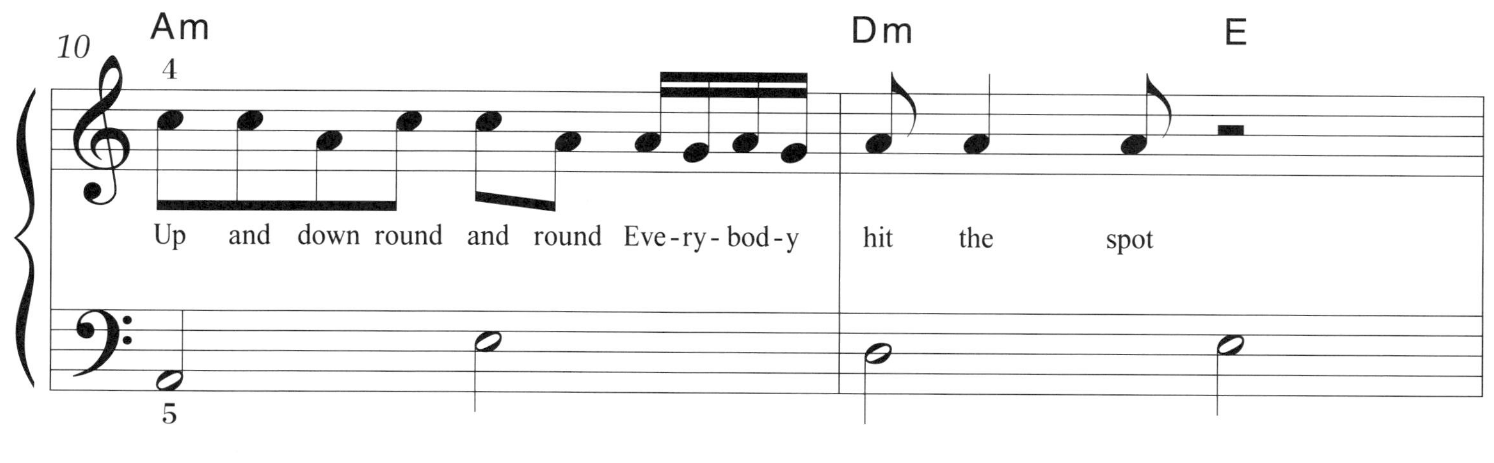

Am
Dm
E
Up and down round and round Eve-ry-bod-y hit the spot

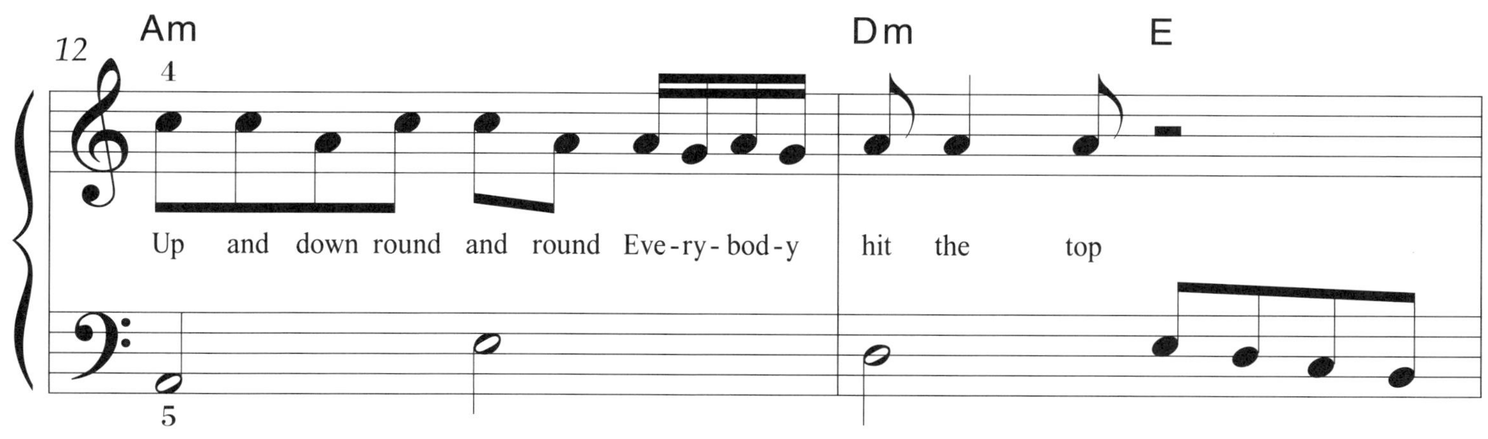

Am
Dm
E
Up and down round and round Eve-ry-bod-y hit the top

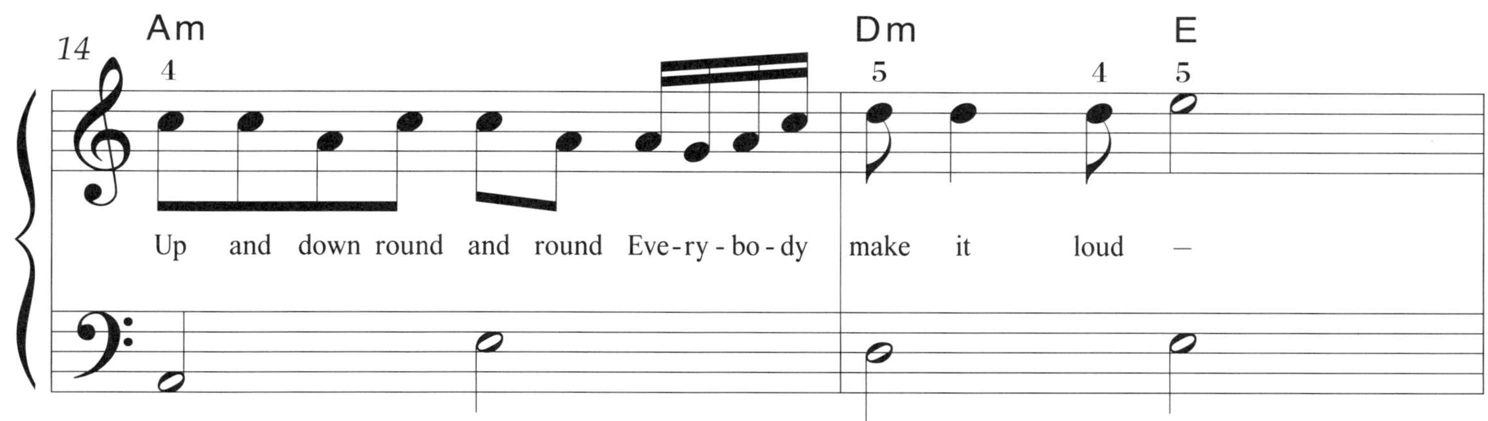

Am
Dm
E
Up and down round and round Eve-ry-bo-dy make it loud —

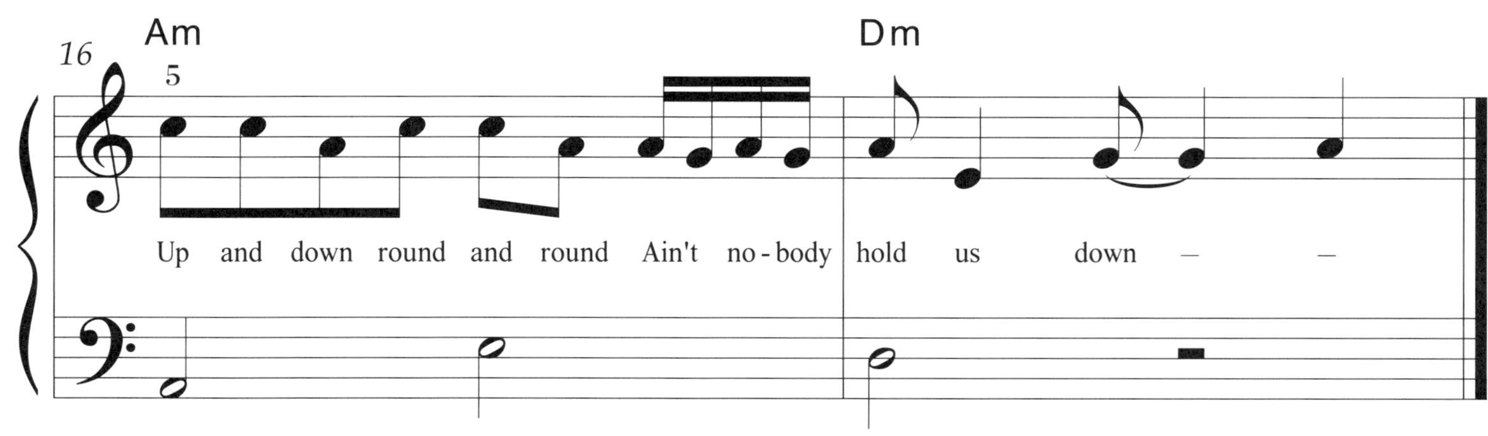

Am
Dm
Up and down round and round Ain't no-body hold us down — —

Joy's
EASY TO PLAY

K*POP

FOR

PIANO

SEASON

9

Joy쌤과 함께 치는

듀엣

소나기

챌린지 메들리

꽁꽁 얼어붙은 고양이 챌린지

사랑스러워

묵찌빠 전공

나루토 챌린지
(일소강호)

소나기

선재 업고 튀어 OST

한성호 외 1명 **작사**
한성호 외 2명 **작곡**
이클립스(ECLIPSE) **노래**

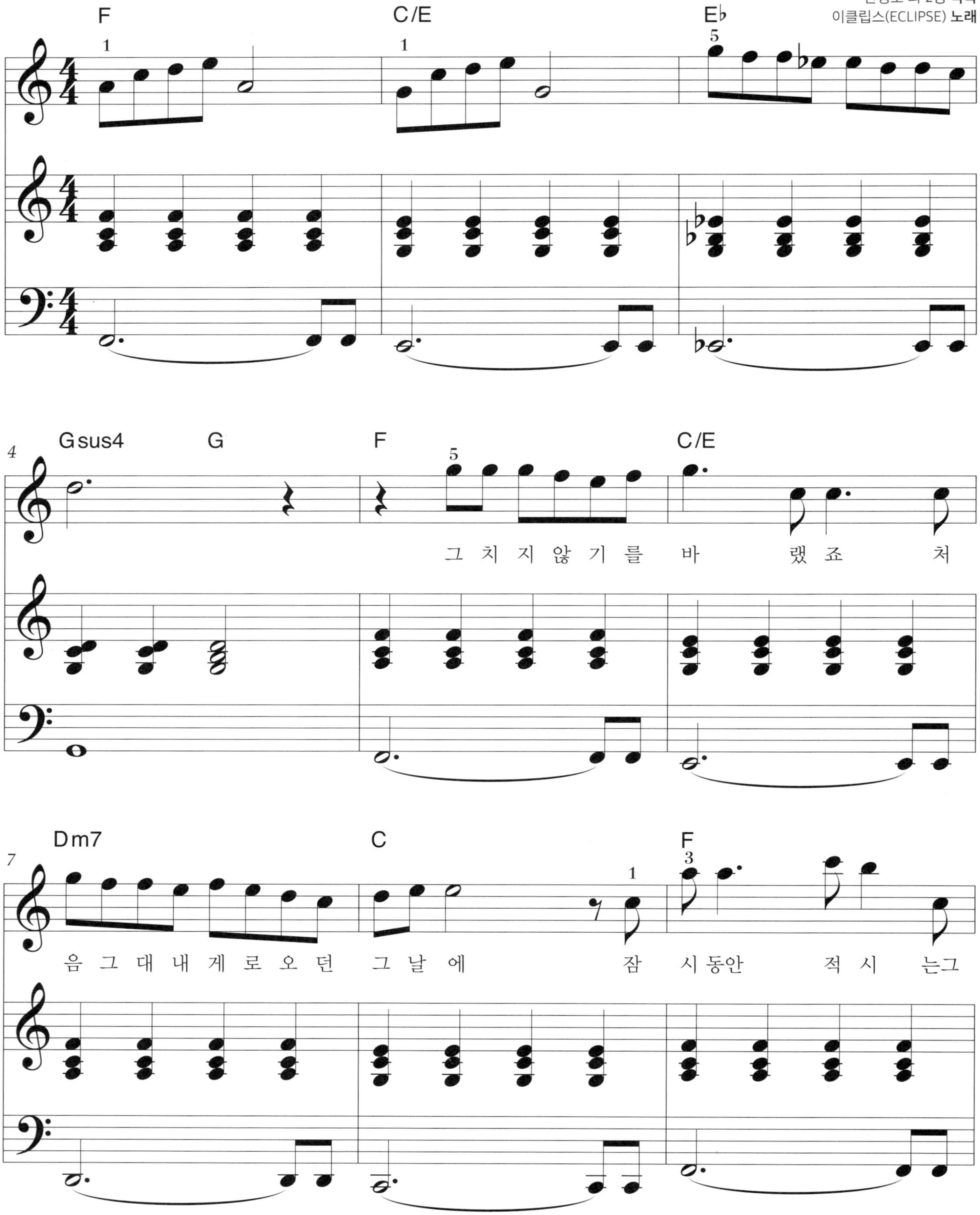

Em   A7   Dm7   G7   C
런 비 가 아 니 길   간 절 히 난 바 래 왔 었 죠   그 대 도 내 맘
F   G7   Em   A7   Dm   C/E   F   D/F#
아 나 요 매 일 그 대 만 그 — 려 왔 던 나 를   오   늘 도 내 맘 에 스 며 들 죠
Gsus4   G   C   F   Faug   C/E
—   그 대 는 선 물 입 니 다 하 늘 이 내   려 준 홀 로 선

Dm7   G7   Csus4   C   Em   A7
세 상 속 에 그 댈 지 켜 줄   게 요   어 느   날 문 득 소 나 – 기 처 럼
Dm7   Fm   Em   E/G♯ Am   C/G   F   G7
내 린 그 대 지 만   오 늘 도 불 러 봅 니 다   내 겐 소 중 한   사
F   C/E   Dm7   G7   Csus4   C
람

모범 연주

챌린지 메들리

꽁꽁 얼어붙은 고양이 챌린지
♩ = 140
C   B♭/C   C   B♭/C   C
꽁 꽁 얼어붙은 한 강 위로 고양이가걸어다닙 니 다

사랑스러워
♩ = 110
G7   C   G/B
워 – 머 리 부 터 발 끝 까 지 다 사 랑 스 러 워 워 –
Am   Gm   C   F   G/F
니 가 나 의 여 자 라 는 게 자 랑 스 러 워 기 다 림 이 즐 겁 고 이젠

묵찌빠 전공
공기마저달콤해 이렇게너를 사랑해 난
대학시절묵찌-빠를 전공했단사--실이
놈을이겨눈물콧물 쏙딱빼주마 난

Bm7(♭5)
E
Dm
C
묵 찌 빠 로 유 학 – 까 지 다 녀 왔 단 사 – – 실 나
Bm7(♭5)
E
B
E
♩ = 120
놈 을 이 겨 가 문 의 이 름 높 이 리
내 검
나루토 챌린지
F
G
Em7
Am7
/G
F
G
은 원 – 한 으 로 가 득 차 소 매 는 밝 은 달 을 –

C /G F G
가 리 웠고 서 풍 에 잎 이 떨어 지 고
Em Am /G F G G#dim
꽃은 시 들고 잠을 이 루지못 한
Am7 /G F G
다 검을 베 개 밑 에 두 고 서 나의

Em7   Am7   F   G   /G
열 정 을 다 짐 한 다 – 세 월 이 지 나 산 과 강 을 – 유 유
C   F   G
히 떠 나 는 나 그 네 – 한 숨 쉬 며 이 별 을 고 해 귀 밑
Em7   Am7   /G   F   G   Am
에 내 린 강 한 서 리 – 하 늘 이 미 소 짓 는 다

조희순

명지전문대학 실용음악과 외래교수
한국영상대학 음향제작과 겸임교수
한서대학교 실용음악과 겸임교수
명지대학교 문화콘텐츠학과장 역임
전국 실용 반주 세미나 20,000여 회
실용음악콩쿠르, 대학입시 심사위원 활동
Dasony 예술단 음악감독 역임
KOICA 해외봉사단 음악교육 전임교수
한국동요음악협회작곡가 활동
Joy Music Academy 대표
삼호뮤직 아카데미 연구센터장

저서
조희순의 반주의 비밀 1~6
조희순의 반주의 비밀 예비과정 1, 2
조희순의 성인을 위한 반주의 비밀 1, 2
조희순의 CCM 반주의 비밀 1~3
[멜로디편 · 리듬애드립편 · 리하모니제이션편]
조희순의 반주의 비밀 멜로디 편
[느린 곡 Mood 편 · 빠른 곡 Energetic 편]
조희순의 반주의 비밀 리하모니제이션 1, 2
[코드가 있는 곡 편 · 코드가 없는 곡 편]
JOY쌤의 누구나 쉽게 치는 OST 연주곡집 [Easy, Original] (개정판)
JOY쌤의 누구나 쉽게 치는 뉴에이지재즈소곡집 [초급편 · 중급편]
JOY쌤의 누구나 쉽게 치는 CCM피아노 1~3

JOY쌤의 누구나 쉽게 치는 힐링피아노
JOY쌤의 누구나 쉽게 치는 K-POP 시즌 1~9
JOY쌤의 캐롤 피아노 연주곡집 [초급편 · 중급편]
JOY쌤의 시즌별 피아노 연주곡집 [초급편 · 중급편]
캔디팡팡 꼬마 피아노 1, 2
캔디팡팡 바이엘 1~4
캔디팡팡 꼬마 음악놀이 1, 2
캔디팡팡 음악놀이 파티 1, 2
캔디팡팡 연습장 1, 2
캔디팡팡 피아노 동요집 [꼬마 피아노, Very Easy, Easy]
캔디팡팡 음악이론 1~12
캔디팡팡 계이름 나라 1~12
조희순의 간추린 체르니100
코드를 부탁해 (감수)
구르미그린달빛 · 달의연인보보경심려 OST
퀸 보헤미안 랩소디 OST 피아노 연주곡집 [초급편 · 중급편]
겨울왕국2 OST 피아노 연주곡집 [Very Easy, Easy]
빼빼로 프렌즈 재즈소곡집 [꼬마피아노, Very Easy, Easy]
하루 한 곡 재즈 피아노 [재즈 그루브를 만끽할 수 있는 편]
하루 한 곡 재즈 피아노 [블루 노트를 내 것으로 만드는 편]
악보 탐험대 1~3
라인프렌즈 꼬마 계이름 1~3(감수)
라인프렌즈 꼬마 음악이론 1~3(감수)
라인프렌즈 꼬마 피아노 1~3(감수)

문혜성

한양대학교 음악대학 성악전공
비디오빌리지 소속 크리에이터 '혜성'
남예종 방송영화제작계열 크리에이티브 교수
웹 무비 'Fairytale in Life' 음악감독
음악저널 콩쿠르 2014년도 고등부문 수상
한양대학교 대동제 2017~2018년 한양가요제 메인 MC
아모레퍼시픽 '에뛰드하우스' 뷰티즌2기 TOP10
LG전자 모바일 V30sthinQ 대학생 개인부문 1위

삼성카드 영랩 2018 해외원정대 2위
한화 금융 라이프 플러스 엠버서더 4기
현대홈쇼핑 모바일 방송 쇼호스트
충청남도 도교육청 초청 연주
KBS '누가누가 잘하나?' 1위
KBS 초록동요제 가족부문 1위
EBS 창작동요제 개인 1위 중창 1위 가족부문 1위
JOY쌤의 누구나 쉽게 치는 K-POP 시즌 2~9

문혜린

경기예술고등학교 성악과 졸업
명지대학교 성악과 수석졸업
영 아티스트 초청 연주회 오케스트라 협연
제 18회 서울국제 청소년 영화제 상영작 음악영화 〈레가토〉 주연
충청남도 학생 음악 콩쿠르 최우수상
명지대학교 춘 · 추계 음악회 연주
예음 SEA 전국 음악 콩쿠르 3위
음악교육신문 용인지사 콩쿠르 2위

시티필히모니 음악 콩쿠르 1위
영산아트홀 수상자 초청연주회
JOY쌤의 누구나 쉽게 치는 K-POP 시즌 5~9

Joy쌤의

누구나 쉽게 치는 K-POP

—

더 쉬운 초급편 시즌 9

발행인 김두영
저자 조희순, 문혜성, 문혜린
전무 김정열
편집 김승아
디자인 지혜란, 이은경
제작 유정근
전략기획 윤순호, 권지현, 정유진, 신찬, 한재현

발 행 일 2024년 6월 10일(1판 1쇄)
발 행 처 삼호ETM (http://www.samhomusic.com)
경기도 파주시 문발로 175
전략기획개발부　전화 1577-3588　　팩스 (031) 955-3599
콘텐츠기획개발부　전화 (031) 955-3589　　팩스 (031) 955-3598
등 록 2009년 2월 12일 제 321-2009-00027호

ISBN 978-89-6721-538-5
978-89-6721-537-8(세트)

제 품 명 : 도서	주　　소 : 경기도 파주시 문발로 175
제조사명 : 삼호ETM	문의전화 : 1577-3588
제조국명 : 대한민국	제조년월 : 판권 별도 표기
사용연령 : 3세 이상	KC마크는 이 제품이 공통안전기준에 적합하였음을 의미합니다.